완전
절친

여행중국어

CONTENTS

여권 준비하기부터 입국신고서 쓰기까지!
중국여행에 필요한 정보
해외여행 꿀팁_8

중국여행 필수 표현 55
+ 숫자, 객실 번호, 날짜, 요일, 횟수 말하기
기본 중국어_46

정말 쉽고 가장 많이 쓰는 11개 문장 패턴
만능 패턴_62

상황별로 바로 찾아 말하는 여행중국어
기내_68

입국_86

교통_102

숙소_124

식당_150

관광_182

쇼핑_200

출국_218

돌발상황_236

FEATURES

- 여행 중 누구나 겪을 수 있는 상황
- 알아두면 여행이 편해지는 단어
- 휴대폰으로 원어민 음성 듣기 (개별 표현 반복 듣기 가능)

일러두기

- 한글발음표기는 가급적 원어민의 발음과 가깝게 적되, 한국말로 읽기가 어려운 표기는 지양했습니다.
- 한어 병음의 f 표시는 영어의 f 발음과 마찬가지로 아랫입술을 살짝 깨물면서 발음합니다. 한국어로는 /ㅍ/ 발음으로 적었습니다.
- 실용적인 회화를 위해, 몇몇 단어는 성조 변화를 반영하여 실제 중국인들이 말하는 발음으로 표기했습니다.

  예 给의 원래 성조는 gěi이지만 géi로, 我의 원래 성조는 wǒ이지만 wó로 표기한 표현들이 있습니다.

┌─ **상황별 필수 어휘** +승차권 발매기(108쪽),
│ 약의 종류(243쪽), 아픈 증상(245쪽)   ┌─ **찾기 쉬운 인덱스**

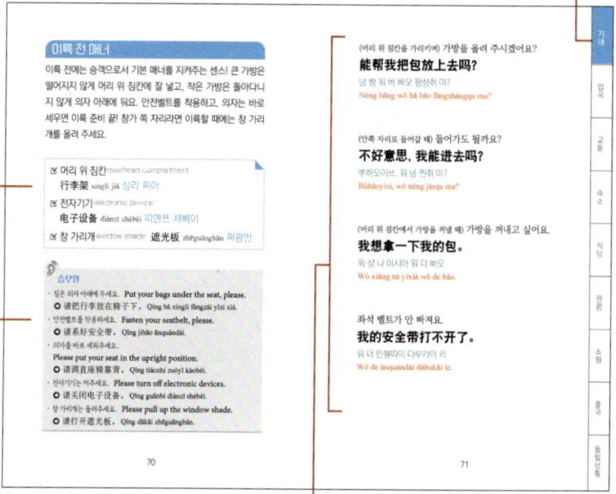

이륙 전 매너

이륙 전에는 승객으로서 기본 예절을 지켜주는 센스! 큰 가방은 떨어지지 않게 하기 위해 머리 위 짐칸에 잘 넣고, 작은 가방은 돌아다니지 않게 의자 아래에 둬요. 안전벨트를 착용하고, 의자는 바로 세우면 이륙 준비 끝! 창가 자리라면 이륙할 때에는 창 가리개를 올려 둬요.

- 머리 위 짐칸 overhead compartment
  行李架 xíngli jià 싱리 지아
- 전자기기 electronic device
  电子设备 diànzǐ shèbèi 띠엔즈 서뻬이
- 창 가리개 window shade **遮光板** zhēguāngbǎn 저꽝반

승무원

- 짐은 의자 아래에 두세요. Put your bags under the seat, please.
  请把您的包放到座椅下. Qǐng bǎ nín de bāo fàng dào zuòyǐ xià.
- 안전벨트를 착용하세요. Fasten your seatbelt, please.
  请系好安全带. Qǐng jìhǎo ānquándài.
- 의자를 바로 세워주세요.
  Please put your seat in the upright position.
  请调直您的靠背. Qǐng tiáozhí zuòyǐ kàobèi.
- 전자기기는 꺼주세요. Please turn off electronic devices.
  请关闭电子设备. Qǐng guānbì diànzǐ shèbèi.
- 창 가리개를 올려주세요. Please pull up the window shade.
  请打开遮光板. Qǐng dǎkāi zhēguāngbǎn.

(머리 위 짐칸을 가리키며) 가방을 올려 주시겠어요?
能帮我把包放上去吗?
넝 빵 워 바 빠오 팡상취 마?
Néng bāng wǒ bǎ bāo fàngshàngqu ma?

(안쪽 자리로 들어갈 때) 들어가도 될까요?
不好意思, 我能进去吗?
뿌하오이쓰, 워 넝 찐취 마?
Bùhǎoyìsi, wǒ néng jìnqu ma?

(머리 위 짐칸에서 가방을 꺼낼 때) 가방을 꺼내고 싶어요.
我想拿一下我的包.
워 샹 나 이시아 워 더 빠오.
Wǒ xiǎng ná yíxià wǒ de bāo.

좌석 벨트가 안 빠져요.
我的安全带打不开了.
워 더 안취엔따이 다부카이 러.
Wǒ de ānquándài dǎbukāi le.

└─ **상황별 원어민에게서**   └─ **누구나 말할 수 있는**
   들을 수 있는 표현   **짧고 쉬운 표현**

- zhi, chi, shi, ri는 혀를 말아서 발음하고, 한국어로는 각각 /즈(쯔), 츠, 스, 르/로 적었습니다.

원어민 음성 듣는 방법
책 속 상황별 QR코드를 찍어서 개별 표현을 반복하여 들을 수 있습니다.

전체 음성 다운로드 방법
global21.co.kr 학습자료실에서 다운로드하거나,
오른쪽 QR코드를 찍어서 휴대폰에 저장할 수 있습니다.

중국여행 꿀팁

1 여권과 비자
2 항공권 구매하기
3 환전하기
4 로밍과 유심칩, 포켓 와이파이
5 여행자 보험
6 짐 싸기
7 출국 수속과 입국 수속
8 공항 용어
9 기내 서비스
10 액체류 기내 반입
11 면세점 이용하기
12, 13 인천국제공항의 서비스
14 공항 돌발상황
15 여행지 돌발상황
16 여행 앱 활용하기
17 입국신고서와 세관신고서

여권과 비자를 준비하자

공항에 도착했는데 여권과 비자가 없다면? 생각만 해도 아찔하다! 집 밖을 나서고부터 집으로 돌아올 때까지 분실하거나 도난 당하지 않도록 수시로 이들의 존재를 확인해야 한다. 내 여권의 유효기간이 넉넉히 남았는지, 여행지에 입국하려면 비자가 필요한지 확인하는 것부터가 여행의 출발이다.

여권 발급 받기

신분증과 여권사진 2장을 준비해 서울시 구청, 지방 시청, 도청의 여권과에 신청하면 발급받을 수 있다. 신청서는 발급관청에 비치되어 있고, 비용은 여권 기간에 따라 다르다. 발급까지 일주일 정도 걸린다. 발급받은 여권은 복사해서 따로 보관해 두고, 여권을 분실했을 때를 대비해 여권 사진도 몇 장 여분으로 챙기자.

> 🔍 **알짜팁** ▶ 가까운 발급 장소는 외교부 여권안내 홈페이지(passport.go.kr)에서 확인할 수 있다. 이곳에서 여권과 비자에 관한 모든 정보와 최신 소식을 얻을 수 있다.
> ▶ 여권 유효기간이 6개월 이내이면 문제가 생길 수 있다.
> ▶ 25~37세 병역미필자는 병무청의 국외여행허가서를 준비해야 한다.

중국 비자(사증) 발급 받기

중국에 입국하기 위해서는 비자를 발급받아야 한다. (홍콩과 마카오, 대만은 무비자로 90일까지 체류 가능) 비자의 종류는 다양한데, 흔히 받는 1회성 비자인 단수 비자와 6개월 내 2번 입국이 가능한 2차 비자, 일정 기간 다수 입국이 가능한 복수 비자로 분류된다. 발급 비용은 비자의 종류와 소요 시간에 따라 중국비자신청서비스센터 기준 55,000원부터 130,000원까지 든다. 최소 5인 이상의 단체비자는 25,000원부터이다.

대행사 vs. 직접 신청

비자 신청은 개인이 직접 하거나 대행사를 이용할 수 있는데, 대행사가 상대적으로 발급이 확실하고 돈을 더 쓰는 만큼 편리하다. 여행사에서 가는 단체 여행이라면 여행사가 이 대행사의 역할을 한다. 본인이 준비할 것은 여권 원본과 증명사진 1장, 비자 신청서, 도장이다.

> Q **알짜팁** ▶ 비자용 증명사진은 6개월 이내 촬영한 사진이어야 하며, 33x48mm의 규격에 테두리가 없어야 한다. 안경과 장신구, 흰색 옷, 흰색 배경은 금지다. 눈썹과 귀가 보여야 하고, 치아가 보이면 안 된다.
> ▶ 여권을 발급받을 때 썼던 사진을 제출하려고 생각했다면, 여권 발급일로부터 6개월이 경과되었는지 다시 한 번 확인하자.

비자신청서 작성하기

중국 비자를 신청할 수 있는 곳으로, 중국비자신청 서비스센터가 있다. 서울(서울스퀘어빌딩, 남산스퀘어빌딩)과 부산, 광주, 제주에 총 5곳이 있는데, 개인이 직접 방문하거나 우편으로 비자를 신청할 수 있다. 비자를 신청하기 전에 웹사이트(visaforchina.org)에서 사전 정보를 입력하면 제출 서류와 비자 발급 절차를 안내해 준다. 신청서와 제출 서류에 문제가 없다면 영업일 기준 4일 만에 비자를 받을 수 있는데, 우편으로 접수한다면 10일 정도 소요된다. 추가 비용을 내고 '특급'을 신청하면 당일 발급받을 수도 있다.

> 🔍 **알짜팁** ▶ 중국대사관 웹사이트(kr.china-embassy.org)에서 비자신청서를 다운로드받을 수 있다.
> ▶ 개인이 신청했을 때 사소한 실수로 비자 발급이 거부될 수 있으니 신중하자. 허위, 누락, 알아볼 수 없는 글씨로 인해 발급이 거부될 수 있고, 심사가 오래 걸릴 수 있다.
> ▶ 신청서의 모든 항목을 기입한다. 해당 항목이 나와 관련이 없다면 '없음'이라고 쓰면 된다.
> ▶ 신청인의 휴대폰 번호를 반드시 써야 하고, 가족 사항에 적어도 한 명의 정보를 남겨야 한다. 가족 구성원이 없다면, 없는 이유를 쓴다.
> ▶ 과거 중국 방문 지역과 비자 발급 이력을 알아둬야 한다.
> ▶ 주요 일정은 시간 순으로, 주소는 구체적으로 기입한다.
> ▶ 호텔 예약 바우처와 왕복 항공권, 초청장도 필요하다면 첨부해서 제출한다.

▶16세 미만은 가족관계증명서와 부모 각각의 기본증명서를 제출해야 한다.

무비자 입국

비자 없이 중국을 관광하는 것도 가능하다. 최종 목적지가 제3국이고 중국이 중간 경유지일 때인데, 도시에 따라서 24시간, 72시간, 144시간까지 체류할 수 있다. 무비자 입국은 확실한 일정이 중요하다. 예를 들어, 144시간 무비자 입국을 신청한다면 144시간 내에 중국을 떠난다는 확실한 증명, 즉 좌석이 확정된 환승 항공권을 보여줄 수 있어야 한다. 상하이와 난징, 항저우, 베이징, 톈진 등이 행정구역 내에서 144시간 무비자 체류가 가능하다(Visa-free Transit Service). 하지만 무비자 입국 조건은 계속 바뀌고, 보안상의 이유나 예외적인 일로 거절당할 수 있다.

중국에서 운전하기

중국에서는 운전사를 포함하지 않은 렌트카는 빌릴 수 없다고 보면 된다. 우리나라의 국제운전면허증이 중국에서는 인정되지 않기 때문에, 행여 운전을 한다면 무면허운전이 된다.

항공권 싸게 구매하는 실속 팁

중국은 주로 여행사를 통해 패키지로 가는 편이지만, 자유여행도 늘고 있는 추세이다. 주변국이기 때문에 상대적으로 항공료가 부담되지 않고, 저가항공사를 이용하면 아주 저렴하게 다녀올 수 있기 때문이다. 항공권 예매 사이트에 수시로 들어가서 시시각각 변하는 항공권 가격을 보고 있으면 '지금 사? 조금 더 기다려?'하는 갈등을 하기 마련. 부담 없는 시간에 출발하는 저렴한 표를 운 좋게 낚아채는 쾌감을 누리려면 전략이 필요하다.

손품을 팔수록 가격이 떨어진다
다구간 또는 장거리 여행이라면 반복해서 검색하면 더 저렴하고 좋은 항공권을 발견할 수 있다. 열심히 손품을 팔자. 항공권 비교 앱이나 웹사이트를 활용하는 것도 괜찮다. 할인특가를 바로바로 알려주는 '플레이윙즈', 다구간 비행을 추천하는 '카약', 저가항공까지 전 세계 모든 항공권을 검색해 주는 '스카이스캐너' 등 손품을 팔 곳은 많으니 부지런히 움직이자.

특가 오픈일을 노리자
휴가철이라면 보통 4~6개월 전에 가장 저렴한 항공권을 살 수 있다고들 하지만, 항공사들의 특가 항공권 오픈일에 맞추면 더 저렴하게 구매할 수도 있다. 저가 항공사의 특가 오픈일을 노리면 더더욱 저렴해서 좋다. 하지만 그만큼 경쟁률도 높으니 만반의 준비를 하자. 왕복 항공권이라고 해서 더 싼 것은 아니니, 굳이 같은 항공사를 왕복으로 이용하지 않아도 된다.

성수기에 떠난다면 무조건 일찍 사자
성수기 항공권은 일찍 살수록 좋다. 출발이 6개월 이상 남았더라도 저렴하다 싶으면 사는 게 정답. 특히 외국 항공사는 6개월 이상 남은 성수기 항공권을 비수기 가격으로 판매하는 경우가 많다. 추석과 설 연휴, 5월 초 연휴 등도 여행 계획이 섰다면 미리 서두르는 게 좋다.

스톱오버와 레이오버를 활용한 관광
스톱오버는 환승 공항에서 24시간 이상 머무는 것을 말한다. 항공료도 싸지고 다른 나라를 여행할 수 있다는 매력이 있지만 짐을 찾아서 다시 부쳐야 하는 번거로움도 있다. 레이오버는 24시간 이내에 환승하는 항공편을 말한다. 짐을 찾았다 다시 부치지 않아도 된다는 점이 포인트다. 제3국으로 가는 여정에 무비자 입국(11쪽) 제도를 통해 잠깐 중국을 느껴보는 것은 어떨까. 단, 공항마다 규정이 다르고 국제 정세에 따라 변동되므로 미리 확인하자.

환전 똑똑하게 하는 비결

일찍부터 환율을 주시하고 있다가 적기에 환전하면 여행 경비를 줄일 수 있다. 1원이라도 낮은 가격에 환전하면 큰 이익은 아니더라도 왠지 기분이 좋다. 환전 수수료 우대 또한 신경 써야 할 포인트. 각종 환전 앱과 주거래 은행 우대 등을 이용해 보자.

은행에서 환전하기
주거래 은행에서 환전하면 수수료를 우대해 준다. 서울역에 있는 환전센터를 이용하는 것도 좋다. 다른 지점들에 비해 수수료 우대가 좋아 많은 사람들이 찾는다. 공항의 지점에서 부랴부랴 환전하면 금전적으로도 손해고 마음도 급해지니, 미리 환전해 놓는 편이 좋다.

사이버 환전하기
각종 은행에서 제공하는 앱으로 사이버 환전을 하면 수수료 우대를 받을 수 있다. 앱에서 필요 외화를 신청한 후, 지정 계좌로 한화를 입금한다. 외화를 찾는 지점을 출발일의 공항 지점으로 선택할 수도 있다. 하지만 넓은 공항에서 은행을 찾아가느라 시간을 낭비할 수도 있으니, 평소에 이용하는 지점을 선택하자.

신용카드와 체크카드

공항이나 호텔에서는 비자카드와 마스터카드를 사용할 수 있지만, 식당에서는 유니온페이가 더 유용하다. 카드결제는 해외 결제 수수료를 내야 하고, 환율은 사용한 날 기준이 아닌 결제일 기준으로 적용된다. 카드로 결제할 때에는 위안화로 결제해야 불필요한 수수료를 피할 수 있다. 또 체크카드로 현지에서 현금을 뽑아 쓰면 거금을 들고 다니는 부담을 줄일 수 있다. 은행 ATM 수수료가 부과되지만, 수수료를 면제해 주거나 환율 우대가 되는 체크카드가 있다.

출입국정보활용동의서비스 신청하기

여행 중 카드 정보 유출이나 복제, 도난, 부정 사용 등의 피해를 최소화하기 위해 카드사에서 제공하는 무료 서비스다. 카드사는 출입국관리소로부터 개인의 출국 또는 미출국 여부만 제공받는다. 본인이 국내에 있을 때 해외에서 카드 승인이 자동 거절된다.

> Q **알짜팁** ▶마이뱅크(mibank): 전국의 여러 은행과 사설환전소를 비교해 환율이 가장 낮은 곳을 알려주는 앱이다. 그리고 공항의 은행 지점보다 싸게 당일 신청으로 환전할 수도 있다.
> ▶위안화는 위조지폐의 위험이 있으니 은행 같은 공식적인 환전소에서 환전하자. 동전은 다시 환전하기가 어려우니 여행지에서 전부 쓰고 오는 게 편하다.

로밍 vs 유심칩 vs 포켓 와이파이, 어느 것이 좋을까?

해외여행 필수 아이템은 바로 데이터. 한국에서 항상 함께하던 휴대폰을 해외에서 자유롭게 사용할 수 없다면, 캐리어 분실에 맞먹는 외로움과 공포가 찾아올 수 있다. 숙소를 떠나 지도를 보거나, 맛집이나 쇼핑몰을 찾아갈 때는 물론, 메시지를 주고받을 때에도 꼭 필요한 데이터. 그런데 중국 통신망에는 만리장성처럼 강력한 인터넷 방화벽이 있다고 하는데!?

데이터 로밍

내 휴대폰 번호 그대로 음성통화, 데이터, 문자메시지를 쓸 수 있어 편리하다. 현지에 도착해 전원을 껐다가 켜면 자동으로 로밍되니 이보다 쉬울 수 없다. 다만 가격 부담이 가장 크고, 로밍된 폰만 사용할 수 있어 다른 사람과 공유가 불가능하다. 그럼에도 중국은 장기여행이 아니라면 로밍을 추천한다. 로밍은 접속 지역은 중국이지만, 한국 통신사를 거치는 것이기 때문에 인스타그램이나 페이스북, 구글맵 등 중국 내에서 차단된 해외 사이트에 접속할 수 있다. 단, 로밍을 했더라도 와이파이 환경에서는 해외 사이트 접속이 막힌다. 로밍은 출국 전 고객센터에 전화해 신청하거나, 출국 당일 공항 통신사 부스를 방문해 신청하면 된다.

유심칩(심카드)

우리나라나 중국의 현지 공항에서 유심칩을 구입해 내 휴대폰에 끼우면 끝. 유심칩 한 개 가격만 놓고 보면 로밍보다 저렴하다. 그러나 내 번호가 중국 현지 번호로 바뀌기 때문에 한국에서 오는 전화나 문자는 받을 수 없다. 중국의 '만리방화벽'의 영향을 받지 않기 위해서는 해외 사이트 접속을 지원하는 유심칩을 알아보고 구매해야 하는데, 지역에 따라서 잘 안 터지는 경우도 있다. 해외 IP로 우회시켜 주는 VPN앱을 미리 다운받아서 이용할 수 있지만, 불편하다는 의견이 지배적이다. 이것저것 귀찮다면 연락 상대들과 함께 중국의 카카오톡 격인 위챗(WeChat)을 깔아 소식을 주고받는 방법도 있다.

포켓 와이파이

와이파이 기기를 렌트해 하루 2,000원대의 요금으로 데이터를 이용할 수 있다. 일행이 3~4명이라면 포켓 와이파이가 가성비 최고의 선택이다. 하지만 매일 충전해야 하고, 기기를 늘 지니고 다녀야 한다는 점은 번거롭다. 또 기기를 가진 사람과 떨어지면 이용할 수 없고, 중국에서도 통신이 원활하지 않은 지역에서는 무용지물이 될 수 있다. 출발 날짜와 도착 날짜를 계산해서 인터넷으로 기간을 신청하고, 출발 전에 공항의 부스에서 기기를 받고, 귀국할 때 반납한다.

여행자 보험, 이것이 궁금해요

여행자 보험은 여행 중 생길 수 있는 상해·질병의 위험과 휴대품 도난·파손 등의 비용 손해를 보장해 주는 상품이다. 해외여행 중 다치거나 아파서 병원 진료를 받으면, 가입 한도 내에서 실비를 지급받을 수 있다. 패키지 여행도 여행사에서 제공하는 보험의 범위, 특히 소지품 도난과 파손에 대해 얼마나 보상해 주는지 꼼꼼히 확인해서 든든한 예방책을 마련해 두자.

어느 정도 보상이 되나요?

우리나라 주요 손해보험사들의 온라인 여행자 보험은 상해사망 시 1억 원, 해외에서 발생한 상해의료비와 질병의료비를 각각 1천만 원 보장한다. 휴대품 손해는 물품당 20만 원, 배상책임은 500만 원까지 보장한다. 여행 중 아무 일이 없으면 다행이지만 빈번하게 일어나는 휴대폰 분실과 파손에 대비해 적은 금액으로 마음의 보험까지 들어두는 것을 추천한다.

어떻게 가입하나요?

온라인으로 가격과 보장 내용을 비교해 가입하면 간단하고 저렴하다. 가입한 날 자정부터 보장되기 때문에 여행 출발 전날로 보험에 가입하는 게 좋다.

약관상 기간을 입력하는 기준은 거주지를 출발하는 시점부터 다시 거주지에 도착하는 시점까지로 하자. 패키지 여행사와 신용카드사, 환전 은행에서 무료로 제공하는 여행자 보험도 있다. 하지만 사망에 관련된 내용만 있고 질병 및 상해에 대한 내용이 빠진 경우가 많다.

보험금, 어떻게 청구하나요?
보험금을 청구할 때에는 물품수리 영수증 또는 병원진단서와 진료비 영수증, 도난·분실 신고서, 사고목격자의 진술서 등 발생한 사고와 손해를 증명하는 각종 증빙 서류를 최대한 챙겨야 한다. 귀국 후 여권 사본과 함께 보험사에 이 서류들을 제출하면 된다. 항공기 지연 및 결함으로 추가 지출이 생겼다면 영수증을 꼼꼼히 챙겨두자. 식당과 숙소에서 받은 영수증에 날짜와 시간이 제대로 나와 있는지도 확인하자.

현금을 도난 당했을 때에도 보상되나요?
현금, 유가증권, 항공권, 콘택트렌즈 등의 손해는 대부분 보상되지 않는다. 본인의 과실에 의한 분실 방치 등도 그 손해를 보상하지 않는다. 여행 중에는 도난·분실이 일어나지 않도록 예방책을 준비하는 것이 최선이다.

빠짐없이 짐 싸는 기술

짐을 싸는 스타일도 가지각색이다. 없으면 큰일 나겠다 싶은 것만 30분 만에 뚝딱 챙기고 '필요하면 거기서 사지 뭐.'하는 태평한 스타일. 리스트를 작성해 며칠 동안 꼼꼼히 짐을 싸는 완벽주의 스타일. 스타일은 달라도 이것만은 꼭 확인하자.

귀찮지만 챙겨 두면 든든한 종이들
여권은 물론이고 여권을 잃어버렸을 때를 대비해 여권 사본을 따로 가지고 가는 것이 좋다. 현지 화폐 외에도 해외에서 사용할 수 있는 체크카드나 신용카드가 요긴할 때가 있다. 비자와 항공권 예약확인증(e-티켓), 여행자 보험서류, 숙소예약증도 만약의 경우를 대비해 종이로 출력해서 언제 어디서든 꺼내어 볼 수 있게 준비하자.

충전할 수 없다면 무용지물
국가마다 전압이 다양하니, 여행을 자주 한다면 멀티어댑터는 필수다. 중국도 220볼트지만 우리나라의 콘센트와 모습이 약간 달라 혼란스러울 수도 있다. 무서워할 것 없다. 그냥 2구짜리에 플러그를 끼우면 된다. 휴대폰만 가져가고 충전기를 빼먹을 때도 있으니 캐리어를 닫을 때까지도 너무 자만하지 말자. 카메라를 가져간다면 충전기부터 메모리카드, 삼각대까지 필요와 무게를 신중하게 생각해서 넣을지 뺄지 결정하자. 나 홀로 여행이라면 시끄러운 장소에서 귀마개의 역할도 하는 이어폰을 빼놓을 수 없다.

날씨에 맞는 옷가지

여행지의 계절과 날씨를 미리 검색하고 거기에 맞는 옷을 챙기자. 어중간한 날씨에는 걸쳤다 벗었다가 자유로운 스카프가 스타일링에도 딱이다. 우산이 없을 때 모자 달린 옷은 가볍게 날리는 비 정도를 막아줄 수 있다. 햇볕이 뜨거운 계절에 여행한다면 선글라스와 모자, 선크림은 필수다. 가벼운 슬리퍼는 비행기와 숙소에서 요긴하다.

> **Q 알짜팁** ▶ 항공권 예약확인증, 숙소예약증 등은 필기구와 함께 항상 소지하고 다니자. 입국신고서를 작성할 때와 입국심사를 받을 때 필요할 수 있다.
> ▶ 감기약, 소화제, 해열제, 진통제, 연고, 밴드, 모기퇴치제 등 상비약은 최대한 부피를 줄여서 준비하고, 마스크와 손소독제는 필수다.
> ▶ 지퍼백이나 비닐봉지는 세탁물이나 기념품을 한곳에 정리할 때 유용하게 쓸 수 있다.
> ▶ 예약해 둔 숙소에서 제공하는 세면도구의 수준과 범위를 파악해서 챙겨갈 것을 미리 확인하자.
> ▶ 중국의 화장실에서 휴지를 기대하기는 어렵다. 휴지와 물티슈를 준비하면 길거리 음식을 먹을 때에도 유용하다.

출국 수속과 입국 수속 한눈에 보기

공항에 발을 내디딜 때부터 바다를 건너 여행지에 도착할 때까지, 여행자는 몇 가지 절차를 밟게 된다. 알고 나면 간단한 출국과 입국 과정을 알아보자.

탑승 수속
인천국제공항 3층에는 항공사별 카운터가 즐비해 있다. 예약한 항공사를 찾아서 여권과 항공권 예약 확인증(e-티켓)을 내고 탑승 수속을 한다. 위탁수하물도 카운터에서 보내는데, 중간 경유를 할 때에는 위탁수하물이 최종 목적지로 가는지 꼭 확인하자. 수하물 영수증은 짐을 찾을 때 필요할 수 있으니 잘 보관한다.

출국 수속
탑승권과 여권을 가지고 보안검색대에서 소지품 검사를 받고, 이상이 없으면 통과한다. 만 19세 이상의 내국인은 자동출입국 심사대에서 빠르고 간단하게 통과할 수 있다. 무인시스템으로 기계가 여권을 스캔한 후 지문과 얼굴을 인식하는데, 대기열 앞에서 직원이 안내해 주니 그에 따르면 된다.

> Q **알짜팁** 보안검색대에서 액체류를 담은 비닐팩 또는 노트북이 있다면 가방에서 꺼내 별도의 바구니에 담자. 겉옷도 벗어서 별도로 담아야 한다.

면세점 쇼핑과 면세품 수령
면세점 쇼핑을 하거나 공항 안의 카페나 식당을 이용하는 대기시간도 여행의 또 다른 재미다. 인터넷 면세점에서 구입한 물건은 면세점 인도장에서 수령하면 되는데, 이때 교환권 번호와 여권이 필요하다.

비행기 탑승
탑승권에 적힌 탑승 게이트에 30분 전에는 도착하자. 기내에 들고 간 짐은 좌석 위 짐칸에 수납한다.

목적지 도착과 입국 심사
비행기에서 내리면 자연스럽게 입국심사대로 이어진다. 외국인과 내국인의 심사대가 다르니 확인하자. 기내에서 작성한 입국신고서가 있다면 이곳에 제출한다. (단체비자일 경우 입국신고서가 필요 없다)

짐 찾기
짐 찾는 곳(Baggage Claim, 行李提取 싱리 티취)에서 위탁수하물을 찾고 공항을 나서면 두근두근 여행이 시작된다!

출국과 입국이 쉬워지는 공항 용어

기본으로 알아야 할 용어

- **탑승 수속**(Check-in): 예약확인증(e-티켓)을 탑승권(Boarding Pass)으로 바꾸는 절차
- **위탁수하물**(Checked Luggage): 비행기 짐칸에 실어 보내는 짐
- **기내 반입 수하물**(Carry-on Baggage): 승객이 직접 들고 타는 짐
- **수하물 표**(Baggage Tag): 위탁수하물에 부착하는 꼬리표로, 기내 반입 수하물에도 붙이는 게 좋다.
- **탑승 게이트**(Gate): 비행기 탑승구로, 위치에 따라 셔틀버스를 타고 이동해야 할 수도 있다.
- **탑승 시간**(Boarding Time): 비행기에 탑승하는 시간
- **이륙**(Take off): 비행기가 뜨기 시작하는 순간
- **착륙**(Landing): 비행기가 목적지에 도착해서 땅에 닿는 순간
- **수하물 찾는 곳**(Baggage Claim): 목적지에 도착해서 수하물을 찾는 곳
- **세관**(Customs), **출입국관리**(Immigration), **검역**(Quarantine): 출국 또는 입국 시 공항에서 거치는 수속 절차

알면 플러스되는 용어

- **웹체크인(Web Check-in):** 온라인이나 모바일을 통한 체크인으로, 좌석을 먼저 지정할 수 있다.
- **오픈 티켓(Open Ticket):** 돌아오는 날짜를 정하지 않고 예약한 항공권으로, 6개월이나 1년의 기한을 두고 돌아오는 날짜를 나중에 정할 수 있다.
- **현지 시간(Local Time):** 여행지의 시간을 말하며, 탑승권의 도착 시간은 현지 시간으로 표기된다.
- **환승(Transfer):** 목적지 도착 이전에 중간 기착지에서 다른 비행기로 갈아타는 것. 기착지에 머무는 시간에 따라서 스톱오버와 레이오버로 나뉜다.
- **스톱오버(Stopover):** 기착지에 24시간 이상 체류할 수 있으며, 위탁수하물을 찾아야 한다.
- **레이오버(Layover):** 기착지에 24시간 이내 체류할 수 있으며, 위탁수하물을 찾을 필요가 없다.
- **스루 보딩(Through Boarding):** 여러 곳을 경유할 때 최종 목적지에 수하물을 부치고, 최종 목적지의 탑승권도 한꺼번에 받는 것
- **오버부킹(Overbooking):** 항공기에 탑승하려는 사람이 좌석의 정원을 넘어선 초과 예약. 오버부킹이 발생하면 항공사가 승객의 탑승을 거절할 수 있으니, 가급적 일찍 체크인하는 것이 유리하다.

비행기, 편하게, 즐겁게, 맛있게 이용하기

이코노미 좌석이라면 갇힌 공간에서 장시간 버티는 것은 힘겨운 싸움이 될 수 있다. 장거리 비행이라면 편안하고 즐거운 여행을 위해 약간의 전략이 필요하다.

어느 자리에 앉을 것인가

짧은 비행이라면 모를까 장거리 비행이라면 통로 좌석이 여러모로 편하다. 명당으로 불리는 자리는 보통 좌석의 한 블록이 시작되는 앞자리나 비상문 앞좌석이다. 비상문 앞좌석은 위급 시 기내승무원의 역할을 해야 한다.

> Q **알짜팁** ▶시트구루(seatguru.com)에 접속해 해당 항공사의 이름과 비행 날짜, 편명을 넣으면 비행기 좌석 투시도를 볼 수 있다. 초록색은 명당, 붉은색은 안 좋은 자리라는 표시다. 좌석을 파악하고 해당 항공사 웹사이트에서 좋은 자리를 선점하거나, 적어도 최악의 자리는 피해 보자.
> ▶출발 24시간 전, 또는 출발 당일 자정에 오픈되는 웹체크인을 하면 카운터를 통하지 않고 바로 체크인이 되며, 남아 있는 좌석에 한해서 추가 비용 없이 스스로 좌석 지정을 할 수 있다. 해당 항공사의 홈페이지나 앱에서 항공권 정보를 입력하면 된다.

기내 특별식을 신청해 보자
기내에서는 높은 고도 때문에 소화가 잘 안 된다. 기내식이 부담스럽다면, 기내 특별식을 신청해 보자. 저염식, 저열량식, 채식주의자 메뉴부터 과일 도시락, 종교식까지 항공사별로 다양한 특별 메뉴가 준비되어 있다. 출발 24시간 전까지 요청할 수 있고, 항공사의 사정에 따라 일부 특별식만 가능할 수 있다. 술을 즐긴다면 항공사마다 제공하는 술을 맛보는 재미도 놓치지 말자. 단, 높은 고도에서는 지상보다 빨리 취하니 적당히 즐기자.

아이와 함께라면
만 24개월 미만의 아이와 함께 탑승한다면 출발 24시간 전까지 예약센터에 신청하여 유아용 기내식을 받을 수 있다. 국제선에서는 유아용 요람도 제공되니 미리 예약해 이용해 보자.

서프라이즈 기념 파티도
생일이나 결혼기념일, 프러포즈와 같은 특별한 날을 하늘에서 맞는다면? 출발 24시간 전까지 항공사에 연락해 케이크를 주문해 보자. 많은 항공사에서 기념일 케이크를 제공한다. 와인이나 칵테일도 제공하는 경우가 있으므로 꼼꼼히 체크해 보자.

액체류, 비행기에 갖고 탈 수 있나?

보안검색대를 지날 때에는 왠지 모르게 조마조마한 마음이 든다. 특히 신경 쓰이는 것은 액체류! 마시던 생수통은 일찌감치 비웠는데, 문제는 가방 속 화장품. 장거리 비행을 할 때에는 기초 화장품이라도 챙겨야 피부가 갈라질 것 같은 기내의 건조함을 견딜 수 있다. 비행기에 가지고 탈 수 있는 물건들을 알아보자.

물과 음식물

물이 든 병이나 용량이 많은 액체 용품을 들고 보안검색대를 통과할 수 없다(액체류 100ml 이상 기내 반입 금지). 물은 보안대 통과 후 안에 있는 상점에서 구입하거나 기내에서 승무원에게 요청하면 된다. 마른 반찬은 기내 반입이 가능하다. 액체가 포함된 김치와 고추장 등의 음식물은 원칙적으로는 기내 반입이 안 되지만, 100ml 이하의 개별 용기에 담아 1인당 총 1L 용량 이내로 투명한 비닐 지퍼백(20.5cm×20.5cm/15cm×25cm) 1개에 넣으면 기내 반입이 가능하다. 물론 위탁수하물에는 용량의 제한 없이 부칠 수 있다.

화장품

기내에서 사용할 소량의 개인용 화장품과 세면용품(액체, 젤, 크림 등)은 100ml 이하의 개별 용기에 담아, 1인당 총 1L 용량 이내로 투명한 비닐 지퍼백(20.5cm×20.5cm/15cm×25cm) 1개에 넣으면 기내 반입이 가능하다. 100ml 이하의 개별 용기는 공항의 약국에서 살 수 있다.

라이터와 전자담배, 보조배터리

국가마다 다르지만 보통 휴대용 가스라이터는 1인당 각 1개씩 기내 반입이 가능하다. 전자담배도 액상을 100ml 이하로 휴대하면 반입이 가능하다. 보조배터리는 배터리 용량이 100Wh 이하일 때 반입할 수 있지만, 160Wh를 초과하면 반입 금지다. 이 셋은 위탁수하물에는 넣을 수 없다는 점, 짐 쌀 때 꼭 기억하자.

> Q **알짜팁** 보안검색대에서 수하물 거절을 당하면 공항의 금지물품 보관·택배 서비스를 이용할 수 있다. 출국장 안에 전용 접수대가 있으니 직원에게 문의해 찾아가자. 보관 서비스는 하루 3,000원에 귀국일까지 보관이 가능하다. 또 택배로 원하는 주소지에 물건을 보낼 수 있다.

면세점 100% 활용팁

해외여행의 특권, 면세 쇼핑! 최대 3,000달러까지 살 수 있지만 국내외 면세점과 해외 구매품목을 모두 합해 600달러까지만 면세를 받을 수 있다. 하지만 술 1병(1리터, 400달러 미만), 담배 200개비, 향수(60㎖ 이하)는 별도로 추가 면세를 받을 수 있으니 참고하자. 시내 면세점과 인터넷 면세점, 공항 면세점에 대해 알아보자.

시내 면세점
면세점은 곧 공항이라는 편견을 버리자. 공항에서 부랴부랴 면세점 쇼핑을 할 필요가 없다. 주로 서울과 부산, 대구 등 대도시의 대형 호텔이나 백화점에 있는 시내 면세점에 들러 필요한 물건을 미리 사 놓으면, 공항 면세점보다 여유로워서 좋고, 직접 만져보거나 착용해 보고 구매가 가능하다. 시내 면세점은 여권과 항공권 예약확인증(e-티켓)을 지참하고 방문해야 한다. 결제했다고 그 자리에서 물건을 받을 수는 없고, 인터넷 면세점처럼 출국일에 공항의 인도장에서 물건을 받을 수 있다.

인터넷 면세점

한번 할인의 맛을 보면 빠져나올 수 없는 인터넷 면세점. 출국 두 달 전부터 구매할 수 있으니 적립금을 부지런히 모아두면 브랜드 상품을 반값에 살 수도 있다. 인터넷 결제 후 출국일에 공항의 인도장에서 수령하면 된다.

> Q **알짜팁** ▶적립금: 인터넷 면세점의 꽃은 적립금이다. 결제 금액의 최대 30%까지 쓸 수 있으니, 부지런히 적립하면 비싼 브랜드를 착한 가격에 구매할 수 있다. 심야적립금, 주말적립금 등 여러 형태로 등장하니 부지런히 클릭해 차곡차곡 쌓아 두자.
> ▶중복적립금: 인터넷 면세점마다 이벤트에 참여하면 100% 사용 가능한 중복적립금을 제공한다.
> ▶쿠폰: 쿠폰은 적립금과 별개로 적용되고, 일정 금액 이상 결제할 때 사용할 수 있다. 패션 잡화 중에는 쿠폰을 사용할 수 있는 브랜드가 많으므로 염두에 두도록 하자.
> ▶통신사 할인: 면세점마다 제휴 통신사 할인을 받을 수 있다.

공항 면세점

공항 면세점을 이용하려면 공항에 여유롭게 도착하는 것이 좋다. 인천국제공항은 입국할 때에도 면세 쇼핑을 할 수 있다. 구매 물품이 한정되어 있지만 면세 한도는 그대로다.

인천국제공항, 이런 서비스 편리해요

인천국제공항은 생각보다 제법 많은 서비스를 제공한다. 여행이 쉬워지는 공항 서비스를 알아보자.

셀프체크인과 셀프백드랍
셀프체크인은 카운터에 줄을 서서 기다릴 필요 없이 자동화기기를 통하여 스스로 항공권을 발권하는 방법이다. 셀프체크인은 부칠 짐이 없을 때 요긴하다. 바로 출국장으로 가면 끝이니까! 하지만 부칠 짐이 있다고 해 문제가 될 것은 없다. 짐을 스스로 부치는 셀프백드랍을 이용하면 된다. 셀프체크인은 비자가 필요한 국가로 가거나, 공동 운항이거나, 유아 동반일 경우에는 이용할 수 없다.

> Q **알짜팁** ▶각 항공사의 웹사이트나 앱에 접속하여 승객이 스스로 체크인하는 웹체크인도 있다.
> ▶셀프체크인과 웹체크인 모두 출발 1시간 전까지 가능하다.

의료센터
인하대학교 공항의료센터에서 가정의학과, 외과, 응급진료 등의 과목으로 운영한다.
위치 제1여객터미널 지하 1층 동편, 제2여객터미널 지하 1층 서편

긴급 여권 발급

여권을 빠뜨린 채 공항에 도착했거나 여권에 문제가 있다면? 이럴 때는 외교부 영사민원서비스를 이용해 긴급 여권을 발급받을 수 있다. 여권발급신청서와 긴급여권신청사유서를 작성하고, 신분증과 항공권, 여권용 사진 2장을 제출해야 한다. 발행까지 약 1시간 30분이 걸리고 수수료는 15,000원이다. 단순 여행이라면 긴급 여권 발급이 거절될 수 있다. (운영시간: 09~18시)

위치 제1여객터미널 3층 F 체크인카운터 부근 여권민원센터, 제2여객터미널 2층 중앙 정부종합행정센터 내

두꺼운 외투 보관

대한항공 승객은 탑승 수속 후 3층 동쪽에 위치한 한진택배 접수처에서 탑승권을 보여 주면 옷을 맡길 수 있다. 아시아나 항공도 제1터미널 지하 1층에 위치한 '크린업에어' 세탁소에서 옷을 보관해 준다. 여타 협력 항공사나 여행사의 고객도 무료 또는 할인금액으로 이용이 가능하니 확인해 보자. 일반 이용자는 기본 5일 외투 1벌에 1만원이 든다.

위치 T1세탁소(제1여객터미널 지하 1층 서편), T2세탁소(제2여객터미널 교통센터 지하1층 동편 버스 매표구 근처)

인천국제공항 백배 즐기기

공항이라는 장소에 가면 계속 뭔가를 기다리게 된다. 다양한 편의시설을 이용하면 지루한 대기 시간이 휴식이나 놀이가 될 수 있다. 은근히 볼거리, 놀거리가 많은 인천국제공항, 제대로 즐겨 보자.

샤워실
24시간 운영되는 샤워실로 환승객은 무료이고, 일반 이용자는 3,000원으로 이용할 수 있다.

위치 탑승동 4층 중앙, 제1여객터미널 4층 면세지역 25번·29번 게이트 부근, 제2여객터미널 4층 면세지역 231번·268번 게이트 부근

사우나
새벽이나 밤늦은 애매한 시간에 도착했을 때 이만한 대안이 있을까? 딱딱한 의자에 앉아 다음 행선지를 기다리는 것보다 따뜻한 물속에 몸을 담가보자. 샤워, 찜질, 스파 등 필요와 구미에 맞는 서비스를 받으며 쉴 수 있다.

위치 제1여객터미널 지하 1층 동편 스파온에어

냅존

공항에서 노숙을 해야 할 일이 생길 수도 있다. 이럴 때는 공항의 캡슐 호텔을 이용할 수도 있지만, 짧게나마 잠을 청할 수 있는 냅존을 떠올려 보자.

위치 탑승동 4층 중앙, 제1여객터미널 4층 면세지역 25번·29번 게이트 부근, 제2여객터미널 4층 면세지역 231번·268번 게이트 부근

키즈존&수유실

비행기 탑승 전 대기 시간에 아이들이 얌전히 앉아 있을 리가 만무하다. 이럴 때 키즈존을 이용하면 아이는 넘치는 에너지를 쏟으며 놀 수 있어 좋고, 어른은 한결 수월하게 시간을 보낼 수 있어 좋다. 제1·2여객터미널 면세지역과 게이트 근처, 탑승동에 여러 개의 키즈존이 있는데, 뽀로로나 타요 등 캐릭터를 테마로 한 곳들이 인기가 좋다. 또한 아기를 위한 기저귀 갈이대, 젖병소독기 등이 구비되어 있는 수유실(유아휴게실)도 공항 곳곳에 있다. 키즈존과 수유실은 24시간 운영된다.

공항 돌발상황 현명하게 대처하기

공항에서는 종종 돌발상황이 발생한다. 낯선 나라의 공항이라면 멘탈이 흔들리지 않을 수 없다. 몇 가지 대처법을 알아두자.

캐리어가 사라졌어요
공항에서 내 캐리어가 나오지 않는다면 곧바로 수하물 서비스 데스크로 가자. 경유를 했다면 마지막 탑승 항공사로 가야 한다. 수하물 서비스 데스크는 대부분 도착장 내 수하물 찾는 곳 근처에 있고, 그곳에서 사고신고서를 작성한다. 캐리어의 색상과 제조 회사 등의 정보를 상세히 적자. 연고가 없는 도시라면 항공사에 수하물 지연보상금을 요구할 수도 있다. 가방 속의 물건을 증명해야 보상받을 수 있으니 사전에 휴대폰으로 캐리어의 내·외부 사진을 찍어 놓는 것이 좋다. 대부분의 항공사는 수하물 분실 신고 기한을 7일 이내로 규정하고 있다.

비행기가 지연됐어요
안전운항을 위한 정비나 자연재해 등 항공사의 과실이 아닌 경우에는 지연 배상을 받기 어렵다. 항공사의 잘못으로 지연됐다면 지연 시간대별로 보상해 주며, 숙소를 제공하기도 한다. 항공사의 실수로 예약이 취소됐거나 오버부킹으로 좌석을 배정받지 못했을 경우도 마찬가지. 항공사 과실이 아닌데도 지연 시간이 길어지면 식사권이나 공항 호텔을 제공하는 경우도 있으니 항공사 직원에게 물어보자.

입국을 거부당했어요

정상적인 여권과 비자를 가지고 있어도 입국을 거부당할 수 있다. 주로 방문 목적이나 체류 일정이 불분명한 경우이다. 일단 한국어가 가능한 직원을 불러 달라고 요청하자. 통역 직원이 없으면 탑승했던 항공사 직원에게 도움을 요청하거나 한국대사관에 연락하자. 그리고 검사관의 요청에 따라 방문 목적을 확인할 수 있는 참가서, 출장증명서, 체류 일정을 확인할 수 있는 예약확인증 등을 제시하자.

인도장에서 면세품을 못 찾았어요

성수기에는 출국 시간이 촉박한 바람에 미처 상품을 찾지 못하는 경우가 종종 발생한다. 면세품은 무조건 출국할 때에만 찾을 수 있다. 그렇다고 금전적인 손해는 없다. 인도되지 못한 물건은 전면 취소되기 때문이다. 혹시 30일 안에 또 해외에 나갈 일정이 있다면, 놓쳤던 면세품을 받을 기회는 있다. 면세점의 고객센터에 전화해 비행기 편명만 새것으로 바꾸면 된다.

여행지에서 이럴 때, 어떻게 하나요?

해외를 여행할 때 일어날 수 있는 갖가지 돌발사건! 대처방법을 미리 알아두고 침착히 대응하자.

여권을 잃어버렸어요
여권을 잃어버렸다면 분실 즉시 현지 경찰서에 방문해 분실신고서를 작성해야 한다. 이후 신고서를 들고 현지의 한국 영사관이나 대사관을 찾아 재발급을 신청한다. 하지만 재발급이 대부분 3주 이상 소요되는 데다가 여권용 사진 등 추가 서류가 필요하므로 여권 재발급을 현지에서 신청하기보다는 여행증명서를 받아 귀국하는 것이 편할 수 있다. 언제 이런 일이 발생할지 모르니 해외여행을 떠날 때에는 여권 사본이나 다른 신분증을 꼭 챙기자.

아파서 현지 병원에 갔어요
여행자 보험을 들었다면 귀국 후에 관련 비용을 보상받을 수 있다. 이때 빠른 처리를 위해 현지의 병원비 결제는 카드로 하는 것이 좋다. 반드시 현지 의사의 소견서와 치료비 명세서, 영수증을 받아 놓아야 한다.

지진이 났어요!
땅이 흔들리는 걸 감지했다면 일단 가방이나 옷을 이용해 머리를 보호하고 가까운 공터로 피하자. 건물 내부에 있다면 테이블 밑으로 들어가자. 해변이라면 지진 후 쓰나미가 발생할 확률이 높으므로 해변을 벗어나 지대가 높은 곳으로 재빨리 이동해야 한다. 외교부 해외안전여행(0404.go.kr) 홈페이지를 확인하면 지금 전 세계에 어떤 사건사고가 일어나고 있는지 알 수 있다.

마음은 급한데 말이 나오지 않아요
긴급한 상황에 처했을 때 말이 통하지 않는다면? 영사콜센터가 한국관광공사와 함께 제공하는 24시간 이용 가능한 통역서비스를 이용하자.

현지국제전화코드 +82-2-3210-0404 (유료)

2번 외국어 통역서비스 선택 후,

1번 영어　　**2번** 중국어　　**3번** 일본어
4번 베트남어　**5번** 프랑스어　**6번** 러시아어
7번 스페인어

휴대폰 자동로밍일 경우에는 현지 입국 시 자동으로 수신되는 영사콜센터 안내문자에서 통화 버튼을 누르면 연결이 가능하다. 또 카카오톡으로 영사콜센터를 채널 추가하면 상담원 채팅 등 각종 서비스를 받을 수 있다.

여행 앱으로 더욱 편리한 여행

몇 가지 앱만 잘 활용해도 여행이 두 배는 행복해질 수 있다. 우선 영어로 중국인들과 대화가 될 것이라는 기대는 하지 말고, 파파고 또는 구글 번역 앱을 깔자. 여행의 질이 달라진다.

고덕지도
지도 앱과 교통 앱은 이제 여행의 필수가 되었다. 중국에서는 구글 지도보다는 중국 앱인 고덕지도를 사용하는 게 길 찾기와 교통편 이용에 편리하다. 다만 중국어로 되어 있어서 목적지 이름을 한자로 입력해야 한다.

디디추싱 DiDi
우리나라의 카카오 택시 같이 휴대폰을 기반으로 택시를 부르는 앱이다. 출발 전에 앱을 설치해서 가입하고 신용카드를 등록해 놓으면 이용할 때마다 자동 결제된다.

트립닷컴 Trip.com
중국의 비행기, 기차, 숙소 모두를 한 번에 해결할 수 있는 예약 앱이다. 최저가 찾기와 여행자들의 후기는 보너스!

맵스미 Maps.me

오프라인 지도 앱인 맵스미는 인터넷에 연결되지 않아도 해외에서 지도를 볼 수 있다. 전 세계 여행지의 지도를 출발 전에 미리 다운로드해 놓으면, 어디서든 GPS로 이용할 수 있고, 음식점과 호텔, 병원 등 주변 편의시설도 검색할 수 있다.

VPN

중국에서 카카오톡과 네이버, 구글, 인스타그램 등에 원활하게 접속하기 위해서는 중국의 방화벽을 피해 해외 IP로 우회시켜 주는 VPN 앱이 필요하다. VPN 앱은 상황에 따라 작동이 안 될 때도 있다고 하니, 우선 여러 개를 다운로드해 놓고 현지에 도착해서 가장 잘 작동되는 앱을 이용하도록 한다.

해외안전여행 MOFA

외교부에서 만든 앱으로, 위기상황별 대처매뉴얼부터 영사콜센터, 재외공관 연락처 및 위치, 현지 긴급구조 연락처 등의 다양한 안전 관련 서비스를 제공한다.

입국신고서와 세관신고서 작성, 어렵지 않아요

출입국신고서 Departure Card, Arrival Card

입국신고서는 목적지 국가에 입국한다는 사실을 알리는 간단한 양식으로, 목적지에 도착하기 전에 기내에서 승무원이 나누어 준다. 중국 입국신고서는 출국신고서와 붙어 있는데, 모두 작성해 놓았다가 입국할 때 입국신고서를 떼어서 내고, 출국신고서는 보관해 두었다가 출국할 때 낸다. 출국신고서를 잃어버렸더라도 출국할 때 공항에서 다시 작성하면 된다. 단체비자를 받았다면 개인이 작성할 필요는 없다.

> Q **알짜팁** ▶비행기 안에서 미리 작성하자. 비행기를 탈 때 여권과 숙소예약증, 필기구를 휴대하는 것이 좋다.
> ▶이름부터 서명까지, 여권과 항공편에 있는 정보와 동일하게 작성해야 한다.
> ▶영문 대문자로 작성하자.
> ▶잘못 작성했다면 개의치 말고 승무원에게 새 신고서를 달라고 하자.

ARRIVAL CARD

Family name 성 〈여권과 동일하게〉	Given names 이름 〈여권과 동일하게〉	
Nationality 국적 SOUTH KOREA	Passport No. 여권 번호	
Intended Address in China 중국에서 머물 곳의 주소		
Date of birth Year 년 Month 월 Day 일	Male □ 남 Female □ 여	
Visa No. 비자 번호	Purpose of visit (one only) 입국 목적(택1)	
Place of Visa Issuance 비자 발행지 SEOUL	Conference/Business □ 회의/사업	Sightseeing/in leisure □ 관광/여가
Flight No./Ship's name/Train No. 항공편명	Visit □ 방문	Study □ 유학
	Visiting friends or relatives □ 친지방문	Employment □ 취업
	Return home □ 귀국	Settle down □ 정착
		others □ 기타
	Signature 서명 〈여권과 동일하게〉	

항공권에 나와 있는 편명(Flight No.)을 쓴다.

입국 목적은 비자 종류에 맞게 선택한다. 관광을 목적으로 L비자를 받았다면 Sightseeing/in leisure를 선택한다.

세관신고서 Customs Declaration

모든 여행객은 입국할 때 세관신고서를 작성해야 한다. 이때 면세 한도를 초과하는 물품을 구매했다고 자진 신고할 경우, 15만원 한도 내에서 관세의 30%를 감면받을 수 있다. 요청하는 기본 정보는 입국신고서와 유사한데, 다른 점이라면 입국 국가에 따라 입국의 목적과 16세 이하 동행 가족 수를 기입해야 한다는 점이다. 세관신고서에서 중요한 부분은 [□ YES / □ NO] 체크 박스다. 굉장히 긴 말로 묻고 있는데, 요약하면 다음 내용이다.

① 동물, 식물, 육가공품 등 검역대상물품을 소지하고 있는지
② 여행 중 가축과 접촉한 경험이 있는지
③ 총포류나 마약류 등 법으로 금지된 물건을 소지하고 있는지
④ 미화로 환산하여 10,000달러를 초과하는 지급 수단을 소지하고 있는지

> **Q 알짜팁** ▶ 가족끼리의 여행은 대표로 한 장만 작성한다.
> ▶ 혼자 작성하기 어렵다면 주위에 도움을 요청하자.

Surname	성 〈여권과 동일하게〉
Given Name	이름 〈여권과 동일하게〉
Date of Birth	생년월일 Year 년 Month 월 Day 일
Sex	☐ Male 남 ☐ Female 여
No. of Traveler's Document	여권 번호
	China ☐ (Hong Kong ☐ Macao ☐ Taiwan ☐)
Nationality(Region)	국적 SOUTH KOREA

- Purpose of the Trip
  입국 목적

  ☐ Official ☐ Business ☐ Leisure ☐ Study
  ☐ Immigration ☐ Visiting Friends or Relatives ☐ Return Residents ☐ Others

Flight No./Vehicle No./Vessel Name	항공편명	Number of persons under the age of 16 traveling with you	16세 이하 동행 가족 인원수

[☐ YES / ■ NO]

PASSENGER'S SIGNATURE   Year 년 Month 월 Date 일
서명 〈여권과 동일하게〉

- L비자를 받았다면 입국할 때에는 Leisure(여가)를 선택하고, 출국할 때에는 Return Residents(귀국)를 선택한다.

- 일반 여행자라면 체크 박스가 있는 부분은 모두 NO에 체크한다.

기억해두자

기본 중국어

매너를 지키는 간단한 표현

(사람을 만나면 첫인사) 안녕하세요!

你好。 니 하오
Nǐ hǎo.

(헤어질 때) 안녕히 계세요.

再见。 짜이찌엔
Zàijiàn

(헤어질 때) 행운을 빌어요.

祝你好运。 쭈 니 하오 윈
Zhù nǐ hǎo yùn.

(도움을 받으면) 감사합니다.

谢谢。 씨에씨에
Xièxie.

(고맙다는 말에) 천만에요.

不用谢。 부용 씨에
Búyòng xiè.

不客气。 부 커치
Bú kèqi.

(거절할 때) 괜찮아요.

不了，谢谢。 뿌 러, 씨에씨에
Bù le, xièxie.

(사소한 일에도) 미안해요.

对不起。 뛔이부치
Duìbuqǐ.

(사과하는 말에) 괜찮아요.

没关系。 메이 꽌시
Méi guānxi.

没事儿。 메이셜
Méishìr.

(말을 걸 때, 사람을 지나갈 때) 실례합니다.

不好意思。 뿌 하오이쓰
Bù hǎoyìsi.

(허락을 구할 때) 괜찮나요?

可以吗? 커이 마?
Kěyǐ ma?

没事儿吧? 메이셜 바?
Méishìr ba?

(물건을 줄 때) 여기요.

给你。 게이 니
Gěi nǐ.

(괜찮다는 의미로) 걱정하지 마세요. 괜찮아요.

别担心。 비에 딴씬
Bié dānxīn.

没关系。 메이 꽌시
Méi guānxi.

(긍정의 의미로) 좋아요.

好。 하오
Hǎo.

行。 싱
Xíng.

(제안에 긍정할 때) 네, 그렇게 해 주세요.
好的, 可以。 하오 더, 커이
Hǎo de, kéyǐ.

(상대의 말에 동의할 때) 맞아요.
对。 뛔이
Duì.

没错。 메이 추워
Méi cuò.

(급해서 양해를 구할 때) 저 급해요.
我很着急。 워 헌 자오지
Wó hěn zháojí.

(양보해 줄 때) 먼저 하세요.
你先吧。 니 시엔 바
Nǐ xiān ba.

잠시 기다려주세요.
请稍等。 칭 샤오 덩
Qǐng shāo děng.

도움을 요청하는 표현

(말을 걸 때) 저기요. 실례합니다.
不好意思，打扰一下。 뿌 하오이쓰, 다라오 이시아
Bù hǎoyisi, dǎrǎo yíxià.

좀 도와주시겠어요?
能帮我一下吗? 넝 빵 워 이시아 마?
Néng bāng wǒ yíxià ma?

(현재 위치가 궁금할 때) 여기가 어디인가요?
这是哪儿? 쩌 슬 날?
Zhè shì nǎr?

(장소명을 보여 주며) 이곳이 어디에 있나요?
这个在哪儿? 쩌거 짜이 날?
Zhège zài nǎr?

이곳에 어떻게 가나요?
我怎么去那儿? 워 쩐머 취 날?
Wó zěnme qù nàr?

(말을 못 알아들었을 때) 뭐라고요?

你说什么? 니 슈어 션머?

Nǐ shuō shénme?

다시 한 번 말해 주시겠어요?

能再说一遍吗? 넝 짜이 슈어 이 삐엔 마?

Néng zài shuō yí biàn ma?

다시 말씀해 주세요.

请再说一遍。 칭 짜이 슈어 이 삐엔

Qǐng zài shuō yí biàn.

조금만 천천히 말씀해 주세요.

请慢点儿说。 칭 만 디얼 슈어

Qǐng màn diǎnr shuō.

글로 써 주세요.

请写一下。 칭 시에 이시아

Qǐng xiě yíxià.

무슨 말이지요?

什么意思? 션머 이쓰?

Shénme yìsi?

무슨 뜻인지 모르겠어요.

我不太明白。 워 부 타이 밍바이

Wǒ bú tài míngbai.

(이해했을 때) 알겠어요.

我知道了。 워 쯜따오 러

Wǒ zhīdao le.

가게에서 꼭 쓰는 표현

(물건을 가리키며) 이것은 얼마인가요?

这个多少钱? 쩌거 뚜어샤오 치엔?

Zhège duōshao qián?

입어(신어) 봐도 되나요?

能试一下吗? 넝 슬 이시아 마?

Néng shì yíxià ma?

(물건을 가리키며) 이걸로 주세요.

给我这个吧。 게이 워 쩌거 바

Géi wǒ zhège ba.

(식당에서) 두 명이요.

两位。 량 웨이

Liǎng wèi.

(식당에서) 메뉴판 주세요.

请给我菜单。 칭 게이 워 차이딴

Qǐng gěi wǒ càidān.

(식당 직원에게 손짓하며) 주문할게요.

服务员, 点菜。 푸우위엔, 디엔 차이

Fúwùyuán, diǎn cài.

(메뉴를 가리키며) 이거 하나 주세요.

给我一个这个。 게이 워 이 거 쩌거

Gěi wǒ yí ge zhège.

(음식을 테이크아웃할 때) 가져갈게요.

打包带走。 다빠오 따이저우

Dǎbāo dàizǒu.

(여러 사람이 갔을 때 내 음식이 나오면) 저 주세요.

这是我的。 쩌 슬 워 더

Zhè shì wǒ de.

(물을 안 주면) 물 좀 주시겠어요?

能给我水吗? 넝 게이 워 쉐이 마?
Néng gěi wǒ shuǐ ma?

(주문하지 않은 음식이 나오면) 이거 무료인가요?

这个是免费的吗? 쩌거 슬 미엔페이 더 마?
Zhège shì miǎnfèi de ma?

(가게의) 화장실이 어디에 있나요?

请问, 厕所在哪儿? 칭원, 처쑤어 짜이 날?
Qǐngwèn, cèsuǒ zài nǎr?

(식당에서 계산할 때) 계산서 주세요.

结账。 지에짱
Jiézhàng.

买单。 마이딴
Mǎidān.

(쿠폰을 사용할 때) 이거 사용할 수 있나요?

能用这个吗? 넝 용 쩌거 마?
Néng yòng zhège ma?

신용카드 되나요?
信用卡可以吗? 씬용카 커이 마?
Xìnyòngkǎ kéyǐ ma?

(계산 후) 영수증 주세요.
请给我收据。 칭 게이 워 셔우쮜
Qǐng géi wǒ shōujù.

(계산대에서 물건을 뺄 때) 이건 뺄게요.
不好意思, 这个不要了。
뿌 하오이쓰, 쩌거 부 야오 러
Bù hǎoyìsi, zhège bú yào le.

(남은 음식을) 포장할 수 있을까요?
能打包吗? 넝 다빠오 마?
Néng dǎbāo ma?

(숙소나 식당에서) 예약했어요.
我已经预约了。 워 이찡 위위에 러
Wǒ yǐjing yùyuē le.

(예약자 이름을 말할 때) 제 이름은 오한나예요.

我的名字是吴汉娜。 워 더 밍쯔 슬 우한나

Wǒ de míngzi shì Wú hànnà.

와이파이가 되나요?

这里有Wi-Fi吗? 쩌리 요 와이파이 마?

Zhèlǐ yǒu Wi-Fi ma?

(와이파이) 비밀번호가 뭔가요?

Wi-Fi密码是什么? 와이파이 미마 슬 션머?

Wi-Fi mìmǎ shì shénme?

(상황이 이상하게 돌아가면) 무슨 문제가 있나요?

有什么问题吗? 요 션머 원티 마?

Yǒu shénme wèntí ma?

(호객 행위에 거절의 표시로) 괜찮아요.

不用了, 谢谢。 부용 러, 씨에씨에

Búyòng le, xièxie.

숫자 말하기

0	링 零 líng		
1	이 一 yī	6	리우 六 liù
2	얼 二 èr	7	치 七 qī
3	싼 三 sān	8	빠 八 bā
4	쓰 四 sì	9	지우 九 jiǔ
5	우 五 wǔ	10	슬 十 shí

11	슬 이 shí yī	23	얼 슬 싼 èr shí sān
12	슬 얼 shí'èr	24	얼 슬 쓰 èr shí sì
13	슬 싼 shí sān	25	얼 슬 우 èr shí wǔ
14	슬 쓰 shí sì	26	얼 슬 리우 èr shí liù
15	슬 우 shí wǔ	27	얼 슬 치 èr shí qī
16	슬 리우 shí liù	28	얼 슬 빠 èr shí bā
17	슬 치 shí qī	29	얼 슬 지우 èr shí jiǔ
18	슬 빠 shí bā	30	싼 슬 sān shí
19	슬 지우 shí jiǔ	31	싼 슬 이 sān shí yī
20	얼 슬 èr shí	100	이 바이 yì bǎi
21	얼 슬 이 èr shí yī	1,000	이 치엔 yì qiān
22	얼 슬 얼 èr shí èr	10,000	이 완 yí wàn

번호 말하기

'방'을 뜻하는 팡찌엔(房间 fángjiān)과 함께, 숫자를 하나씩 말합니다. 이때 1은 이(yī)가 아닌 야오(yāo)라고 말합니다.
얼 야오 우 팡찌엔(215호실)
얼 링 야오 링 팡찌엔(2010호실)

항공편의 번호도 '항공편'을 뜻하는 항빤(航班 hángbān)과 함께 숫자를 하나씩 말합니다. 마찬가지로 1은 야오(yāo)로 말합니다.
항빤 케이이 지우 링 야오(KE901 항공편)

전화번호도 숫자 하나씩, 하이픈(-) 표시가 있는 부분에서 잠깐 쉬고 말합니다.
빠 얼, 야오 링, 야오 얼 싼 쓰, 우 리우 치 빠(82-10-1234-5678)
야오 싼 우, 얼 싼 얼 야오, 쓰 우 치 빠(135-2321-4578)

금액 말하기

중국은 돈의 단위가 매우 많은데, 자주 사용하는 것은 위엔(위엔 元 yuán / 콰이 块 kuài), 모(지아오 角 jiǎo / 마오 毛 máo), 푼(펀 分 fēn)이 있습니다. 금액을 말할 때 마지막 단위는 보통 생략하고 숫자만 말합니다.
슬 콰이 얼(10.2)
이 바이 링 빠 콰이 지우 마오 빠(108.98)

시간 말하기

중국어에서 '시간'은 디엔(点 diǎn), '분'은 펀(分 fēn)이라고 말합니다. '30분'은 빤(半 bàn)이라고 하고, '15분'은 이 커 (一刻 yí kè)라고 합니다. 정확한 시간을 나타내려면 오전 (상우 上午 shàngwǔ)과 오후(시아우 下午 xiàwǔ), 밤(완샹 晚上 wǎnshang)을 짚어서 말해 주는 것이 좋습니다.

샹우 슬 디엔(10 AM)
시아우 쓰 디엔 이 커(4:15 PM)
완샹 빠 디엔 빤(8:30 PM)

날짜 말하기

월

1월	이 위에	一月 yī yuè
2월	얼 위에	二月 èr yuè
3월	싼 위에	三月 sān yuè
4월	쓰 위에	四月 sì yuè
5월	우 위에	五月 wǔ yuè
6월	리우 위에	六月 liù yuè
7월	치 위에	七月 qī yuè
8월	빠 위에	八月 bā yuè
9월	지우 위에	九月 jiǔ yuè
10월	슬 위에	十月 shí yuè
11월	슬 이 위에	十一月 shí yī yuè
12월	슬 얼 위에	十二月 shí èr yuè

일

숫자 뒤에 하오(号 hào)를 붙이면 '일'을 나타내는 표현이 됩니다. '1일'은 이 하오(1号 yī hào), '2일'은 얼 하오(2号 èr hào), '3일'은 싼 하오(3号 sān hào) 식으로요. 7월 20일이라면 치 위에 얼스 하오(7月20号 qī yuè èrshí hào)라고 말합니다.

요일

숫자 앞에 싱치(星期 xīngqī)를 붙이면 요일을 나타내는 표현이 됩니다. 하지만 일요일은 조금 다르게 표현하는데, 싱치 치가 아니라 싱치티엔 또는 싱치르라고 합니다.

월요일	싱치 이	星期一 xīngqī yī
화요일	싱치 얼	星期二 xīngqī èr
수요일	싱치 싼	星期三 xīngqī sān
목요일	싱치 쓰	星期四 xīngqī sì
금요일	싱치 우	星期五 xīngqī wǔ
토요일	싱치 리우	星期六 xīngqī liù
일요일	싱치티엔	星期天 xīngqītiān
	싱치르	星期日 xīngqīrì
평일	꽁쭈어르	工作日 gōngzuòrì
주말	쩌우모어	周末 zhōumò

횟수 말하기

숫자 뒤에 츠(次 cì)를 붙이면 횟수를 말할 수 있습니다. 숫자 2는 요일과 날짜를 제외하고 숫자 뒤에 단위나 양사가 있으면 일반적으로 량(两 liǎng)을 사용한다는 것을 기억해 주세요.

한 번	이 츠	一次 yí cì
두 번	량 츠	两次 liǎng cì
세 번	싼 츠	三次 sān cì
여러 번	지 츠	几次 jǐ cì

기억해 두자

만능 패턴

有啤酒吗? 요 피지우 마?
Yǒu píjiǔ ma?

맥주 있나요?

💬 **有(요)+원하는 것+吗(마)?** 식당이나 가게에 들어가기 전에 먼저 특정 음식이나 물건을 파는지 물어볼 때가 있어요. '~ 취급하나요?'라는 뜻이라고 보면 돼요. 박물관 같은 곳에서 짐을 맡기고 싶어서 보관함이 있는지 물어볼 때에는 '요 춘우꾸이 마?(有存物柜吗?)'라고 하세요.

厕所在哪儿? 처쑤어 짜이 날?
Cèsuǒ zài nǎr?

화장실이 어디죠?

💬 **장소/물건+在哪儿(짜이 날)?** 화장실이 급할 때에는 이렇게 물어보세요. 낯선 사람에게 처음 말을 걸 때에는 '뿌 하오이쓰(不好意思 Bù hǎoyìsi)'로 시작하는 것도 잊지 마세요. 참고로, 중국어에서 '화장실'을 표현하는 단어는 '처쑤어(厕所 cèsuǒ), 시셔우찌엔(洗手间 xǐshǒujiān), 웨이성찌엔(卫生间 wèishēngjiān)' 세 가지가 있어요. 짜이 날은 물건이 어디에 있는지 물어볼 때에도 쓸 수 있어요. 리모콘이 어디에 있는지 물어 보고 싶다면 '야오콩치 짜이 날?(遥控器在哪儿?)'하면 돼요.

这个多少钱? 쩌거 뚜어샤오 치엔?

Zhège duōshao qián?

이것은 얼마인가요?

💬 **물건+多少钱(뚜어샤오 치엔)?** 백화점이나 시장에서 쇼핑을 할 때 이 표현으로 가격을 물어볼 수 있어요.

请给我这个。 칭 게이 워 쩌거

Qǐng gěi wǒ zhège.

이거 주세요.

💬 **请给我(칭 게이 워)+원하는 것.** 식당에서 메뉴판에 있는 음식을 가리키면서 이렇게 간단한 말로 주문해 보세요. 필요한 것을 가리키는 단어 앞에 '칭 게이 워'를 붙이면 끝! 물을 달라고 할 때는 '칭 게이 워 쉐이(请给我水。)'라고 해요.

我想要一条毛毯。 워 샹야오 이 티아오 마오탄

Wǒ xiǎngyào yì tiáo máotǎn.

담요 한 장 주세요.

💬 **我想要(워 샹야오)+원하는 것.** 음식을 주문하거나, 어떤 서비스를 요청할 때 원하는 것 앞에 '워 샹야오'를 붙여요.

我需要一个创可贴。 워 쉬야오 이 거 촹커티에
Wǒ xūyào yí ge chuāngkětiē.

반창고가 필요해요.

💬 **我需要(워 쉬야오)+필요한 것.** 어떤 물건을 찾을 때, 뭔가 있어야 하는데 부족할 때 이렇게 단도직입적으로 필요한 것을 요청할 수 있어요. 어떤 행동을 할 필요가 있다고 말할 때에는 '워 야오(我要)'라고 말해요. 예를 들어 가야 한다고 말할 때에는 '워 야오 저우 러'(我要走了。)라고 해요.

我能要一张地图吗? 워 넝 야오 이 짱 띠투 마?
Wǒ néng yào yì zhāng dìtú ma?

지도 좀 받을 수 있을까요?

💬 **我能要(워 넝 야오)+원하는 것+吗(마)?** 공항의 안내데스크에서 시내 지도를 얻거나 박물관의 매표소 같은 곳에서 브로슈어를 받고 싶을 때 '~ 좀 주시겠어요?'라고 물어볼 수 있어요.

这是入口吗? 쩌 슬 루커우 마?
Zhè shì rùkǒu ma?

여기가 입구인가요?

💬 **这是(쩌 슬)+물건/시설+吗(마)?** 박물관 앞에서 여기가 입구인지 아닌지 확인하고 싶을 때, 길거리에서 지금 위치를 확인할 때 쩌 슬 ~ 마?를 써요. 또 가게에서 내가 생각하는 그 물건이 맞는지 확인하기 위해 '쩌 슬 망구어 마?(这是芒果吗 이거 망고인가요?)'처럼 쓰기도 해요. 물건/시설이 나와 조금 멀리 떨어져 있다면 这가 아닌 '나(那 nà)'를 쓰세요.

什么时候关门? 션머 슬허우 꽌먼?
Shénme shíhou guānmén?

마감 시간이 언제죠?

💬 **什么时候(션머 슬허우)+시간/순서?** '션머 슬허우'는 가게가 문을 닫는 시간이나 여는 시간을 물어볼 때, 버스정류장이나 지하철에서 막차나 첫차 시간을 물어볼 때 유용한 표현이에요. 막차 시간이 언제인지 궁금하다면 '션머 슬허우 쮀이허우 이 탕 처?(什么时候最后一趟车?)'라고 말해요.

我发烧了。 워 파샤오 러
Wǒ fāshāo le.

제가 열이 있어요.

💬 **我(워)+증상+了(러).** 병원이나 약국에서 아픈 증상을 말할 때 이렇게 말해요. 열이 없다면 '워 메이 파샤오(我没发烧。)'라고 해요.

没有卫生纸了。 메이요 웨이셩즐 러
Méiyǒu wèishēngzhǐ le.

휴지가 없어요.

💬 **没有(메이요)+물건** '~가 없다'라는 표현이에요. '워 요(我有), 워 메이요(我没有)'와 같이 내 소유의 물건이 없다는 뜻이 아니에요. 화장실에는 으레 휴지가 있듯, 그냥 거기에 있어야 할 것이 없으니 달라는 의도로 말해요.

비행편 flight	목적지 destination
航班	**目的地**
hángbān	mùdìdì
항빤	무띠띠

이륙 take off	착륙 landing
起飞	**降落**
qǐfēi	jiàngluò
치페이	찌앙루어

출발 departure	도착 arrival
出发	**到达**
chūfā	dàodá
추파	따오다

현지 시간 local time	비상구 emergency exit
当地时间	**紧急出口**
dāngdì shíjiān	jǐnjí chūkǒu
땅띠 슬찌엔	진지 추커우

자리 seat	가방 bag
座位	**包**
zuòwèi	bāo
쭈어웨이	빠오

기내

내 자리 찾기
이륙 전 매너
먹고 싶은 기내식 먹기
기내 서비스 100% 이용하기
화장실에 가고 싶을 때
당황하지 않고 입국신고서 쓰기
양해 구하기

원어민 음성

내 자리 찾기

외국 항공사를 이용한다면, 또 외국에서 비행기를 타고 올 때에는 외국인 승무원과 소통해야 할 수도 있어요. 어렵지 않아요. 생각보다 간단한 표현으로 의사를 충분히 전달할 수 있어요. 비행기 안에서 자리 찾기가 어려울 때에는 승무원에게 항공권을 보여 주면서 워 더 쭈어웨이?(我的座位? Wǒ de zuòwèi?)라고만 말해도 통해요.

> ☑ 자리 seat 座位 zuòwèi 쭈어웨이

(항공권을 보여 주며) 이 자리가 어디에 있나요?
这个座位在哪儿? 쩌거 쭈어웨이 짜이 날?
Zhège zuòwèi zài nǎr?

(승무원에게) 제 자리 좀 찾아주세요.
请帮我找一下我的座位。
칭 빵 워 자오 이시아 워 더 쭈어웨이
Qǐng bāng wǒ zhǎo yíxià wǒ de zuòwèi.

(내 자리에 앉은 승객에게) 여기가 당신 자리인가요?
这是你的座位吗? 쩌 슬 니 더 쭈어웨이 마?
Zhè shì nǐ de zuòwèi ma?

제 자리에 앉으신 것 같아요.
你坐的是我的座位。
니 쭈어 더 슬 워 더 쭈어웨이
Nǐ zuò de shì wǒ de zuòwèi.

(승무원에게) 제 자리에 누가 앉아 있어요.
有人坐在我的座位上。
요 런 쭈어짜이 워 더 쭈어웨이 샹
Yǒu rén zuòzài wǒ de zuòwèi shàng.

(승무원에게) 제 자리를 바꿀 수 있나요?
我能换座位吗?
워 넝 환 쭈어웨이 마?
Wǒ néng huàn zuòwèi ma?

(승객에게) 우리 자리를 바꿀까요?
我们换一下座位, 好吗?
워먼 환 이시아 쭈어웨이, 하오 마?
Wǒmen huàn yíxià zuòwèi, hǎo ma?

이륙 전 매너

이륙 전에는 승객으로서 기본 매너를 지켜주는 센스! 큰 가방은 떨어지지 않게 머리 위 짐칸에 잘 넣고, 작은 가방은 돌아다니지 않게 의자 아래에 둬요. 안전벨트를 착용하고, 의자는 바로 세우면 이륙 준비 끝! 창가 쪽 자리라면 이륙할 때에는 창 가리개를 올려 주세요.

- ☑ 머리 위 짐칸 overhead compartment
  行李架 xíngli jià 싱리 찌아
- ☑ 전자기기 electronic device
  电子设备 diànzǐ shèbèi 띠엔쯔 셔뻬이
- ☑ 창 가리개 window shade 遮光板 zhēguāngbǎn 쩌꽝반

승무원

- 짐은 의자 아래에 두세요. Put your bags under the seat, please.
  ❍ 请把行李放在椅子下。 Qǐng bǎ xíngli fàngzài yǐzi xià.
- 안전벨트를 착용하세요. Fasten your seatbelt, please.
  ❍ 请系好安全带。 Qǐng jìhǎo ānquándài.
- 의자를 바로 세워주세요. Please put your seat in the upright position.
  ❍ 请调直座椅靠背。 Qǐng tiáozhí zuòyǐ kàobèi.
- 전자기기는 꺼주세요.. Please turn off electronic devices.
  ❍ 请关闭电子设备。 Qǐng guānbì diànzǐ shèbèi.
- 창 가리개는 올려주세요. Please pull up the window shade.
  ❍ 请打开遮光板。 Qǐng dǎkāi zhēguāngbǎn.

(머리 위 짐칸을 가리키며) 가방을 올려 주시겠어요?
能帮我把包放上去吗?
넝 빵 워 바 빠오 팡샹취 마?
Néng bāng wǒ bǎ bāo fàngshàngqu ma?

(안쪽 자리로 들어갈 때) 들어가도 될까요?
不好意思, 我能进去吗?
뿌 하오이쓰, 워 넝 찐취 마?
Bù hǎoyìsi, wǒ néng jìnqu ma?

(머리 위 짐칸에서 가방을 꺼낼 때) 가방을 꺼내고 싶어요.
我想拿一下我的包。
워 샹 나 이시아 워 더 빠오
Wó xiǎng ná yíxià wǒ de bāo.

좌석 벨트가 안 빠져요.
我的安全带打不开了。
워 더 안췐따이 다부카이 러
Wǒ de ānquándài dǎbukāi le.

먹고 싶은 기내식 먹기

짧은 비행에는 기내식이 제공되지 않을 때도 있지만, 장거리 비행이라면 기내식이 있고, 먹고 싶은 것을 선택할 수도 있어요. 함께 마실 음료도 몇 가지가 있어 고를 수 있고, 땅콩 같은 간식도 요청할 수 있어요. 부족하다면 더 달라고 요청해 보세요.

- ☑ 닭고기 chicken 鸡肉 jīròu 찌러우
- ☑ 소고기 beef 牛肉 niúròu 니우러우
- ☑ 돼지고기 pork 猪肉 zhūròu 쭈로우
- ☑ 생선 fish 鱼肉 yúròu 위러우
- ☑ 물 water 水 shuǐ 쉐이
- ☑ 콜라 Coke 可乐 kělè 커러
- ☑ 사이다 Sprite 雪碧 xuěbì 쉬에삐
- ☑ 오렌지주스 orange juice 橙汁 chéng zhī 청 쯜
- ☑ 맥주 beer 啤酒 píjiǔ 피지우
- ☑ 커피 coffee 咖啡 kāfēi 카페이
- ☑ 화이트 와인 white wine
  白葡萄酒 bái pútaojiǔ 바이 푸타오지우
- ☑ 레드 와인 red wine 红酒 hóngjiǔ 홍지우
- ☑ 견과류 nuts 坚果 jiānguǒ 찌엔구어

(메인 메뉴 고르기) 닭고기로 주세요.
请给我鸡肉。 칭 게이 워 찌러우
Qǐng gěi wǒ jīròu.

(음료 고르기) 사이다 주세요.
请给我雪碧。 칭 게이 워 쉬에삐
Qǐng gěi wǒ xuěbì.

같은 걸로 할게요.
我也一样。 워 예 이양
Wǒ yě yíyàng.

(특별식을 예약했다면) 저는 특별식을 주문했어요.
我点了特别餐食。 워 디엔 러 터비에 찬슬
Wǒ diǎn le tèbié cānshí.

다른 음식도 있나요?
还有别的吗? 하이요 비에 더 마?
Háiyǒu bié de ma?

(음식이나 음료가 부족할 때) 좀 더 주시겠어요?
能再给我一点儿吗? 넝 짜이 게이 워 이디얼 마?
Néng zài gěi wǒ yìdiǎnr ma?

물을 더 주시겠어요?
能再给我一点儿水吗?
넝 짜이 게이 워 이디얼 쉐이 마?
Néng zài gěi wǒ yìdiǎnr shuǐ ma?

(마실 것이 필요할 때) 마실 것 좀 주시겠어요?
能再给我一点儿喝的吗?
넝 짜이 게이 워 이디얼 허 더 마?
Néng zài gěi wǒ yìdiǎnr hē de ma?

맥주 좀 주시겠어요?
能给我一点儿啤酒吗?
넝 게이 워 이디얼 피지우 마?
Néng gěi wǒ yìdiǎnr píjiǔ ma?

간식으로 뭐가 있나요?
有什么零食? 요 션머 링슬?
Yǒu shénme língshí?

견과류 있나요?
有坚果吗? 요 찌엔구어 마?
Yǒu jiānguǒ ma?

(간식이) 무료인가요?
是免费的吗? 슬 미엔페이 더 마?
Shì miǎnfèi de ma?

(음식을 모두 먹은 후) 치워 주시겠어요?
能收拾一下这个吗? 넝 셔우슬 이시아 쩌거 마?
Néng shōushi yíxià zhège ma?

기내 서비스 100% 이용하기

비행기 안에는 생각보다 부대시설이 잘 갖춰져 있어요. 장거리를 가는 비행기라면 특히 그렇죠. 기본으로 제공되는 것 외에 필요하다면 더 달라고 할 수 있어요. 영화를 볼 수도 있고, 기내 면세품을 살 수도 있답니다.

- ☑ 물티슈 wet wipes 湿巾 shījīn 슬찐
- ☑ 냅킨 napkin 纸巾 zhǐjīn 즐찐
- ☑ 슬리퍼 slippers 拖鞋 tuōxié 투어시에
- ☑ 담요 blanket 毛毯 máotǎn 마오탄
- ☑ 베개 pillow 枕头 zhěntou 전터우
- ☑ 양말 socks 袜子 wàzi 와쯔
- ☑ 수면 안대 sleeping mask
  睡眠眼罩 shuìmián yǎnzhào 쉐이미엔 옌짜오

- ☑ 귀마개 earplugs 耳塞 ěrsāi 얼싸이
- ☑ 칫솔 toothbrush 牙刷 yáshuā 야슈아
- ☑ 치약 toothpaste 牙膏 yágāo 야까오
- ☑ 진통제 aspirin 止疼药 zhǐ téng yào 즐 텅 야오
- ☑ 생리대 sanitary pads 卫生巾 wèishēngjīn 웨이셩찐

물티슈 좀 주세요.

请给我湿巾。 칭 게이 워 슬찐

Qǐng gěi wǒ shījīn.

냅킨 좀 더 주세요.

请再给我一点儿纸巾。 칭 짜이 게이 워 이디얼 즐찐

Qǐng zài gěi wǒ yì diǎnr zhǐjīn.

담요 한 장 주시겠어요?

能给我一条毛毯吗? 넝 게이 워 이 티아오 마오탄 마?

Néng gěi wǒ yì tiáo máotǎn ma?

(머리가 아플 때) 진통제 있나요?

有止疼药吗? 요 즐 텅 야오 마?

Yǒu zhǐ téng yào ma?

- ☑ 영화 movie 电影 diànyǐng 띠엔잉
- ☑ 리모콘 remote control 遥控器 yáokòngqì 야오콩치
- ☑ 이어폰 headset 耳机 ěrjī 얼찌
- ☑ 등 light 灯 dēng 떵
- ☑ 켜다 turn on 打开 dǎkāi 다카이
- ☑ 끄다 turn off 关上 guānshang 꽌샹
- ☑ (소리를) 낮추다 turn down
  调低音量 tiáodī yīnliàng 티아오띠 인량
- ☑ (소리를) 높이다 turn up
  调高音量 tiáogāo yīnliàng 티아오까오 인량

(기내 영화를 보고 싶을 때) 영화를 어떻게 보나요?

怎么看电影? 쩐머 칸 띠엔잉?
Zěnme kàn diànyǐng?

등을 어떻게 켜나요?

怎么打开灯? 쩐머 다카이 떵?
Zěnme dǎkāi dēng?

소리를 어떻게 낮추나요?

怎么调低音量? 쩐머 티아오띠 인량?
Zěnme tiáodī yīnliàng?

(작동되지 않을 때) 이게 작동하지 않는 것 같아요.

这个好像没有打开。

쩌거 하오샹 메이요 다카이

Zhège hǎoxiàng méiyǒu dǎkāi.

(카탈로그에서 면세 상품을 가리키며) 이 물건을 원해요.

我要这个。 워 야오 쩌거

Wǒ yào zhège.

두 개 살게요.

我要两个。 워 야오 량 거

Wǒ yào liǎng ge.

(카드를 보여 주며) 이 카드로 지불할 수 있나요?

可以用这张卡结账吗?

커이 용 쩌 짱 카 지에짱 마?

Kéyǐ yòng zhè zhāng kǎ jiézhàng ma?

화장실에 가고 싶을 때

- ☑ 화장실 toilet/restroom
  厕所 cèsuǒ 처쑤어 / 洗手间 xǐshǒujiān 시셔우찌엔 / 卫生间 wèishēngjiān 웨이셩찌엔
- ☑ (문을) 당기다 pull 拉 lā 라
- ☑ (문을) 밀다 push 推 tuī 퉤이
- ☑ 사용 중(사람 있음) occupied
  使用中 shǐyòng zhōng 슬용 쭝
- ☑ 공실(사람 없음) vacant
  无人使用 wú rén shǐyòng 우 런 슬용
- ☑ 화장지 toilet paper 卫生纸 wèishēngzhǐ 웨이셩즐

화장실이 어디에 있죠?

厕所在哪儿? 처쑤어 짜이 날?

Cèsuǒ zài nǎr?

(승무원에게) 휴지가 없어요.

没有卫生纸了。 메이요 웨이셩즐 러

Méiyǒu wèishēngzhǐ le.

(화장실을 가리키며) 누가 안에서 안 나오고 있어요.

里面有人没出来。 리미엔 요 런 메이 추라이

Lǐmiàn yǒu rén méi chūlái.

당황하지 않고 입국신고서 쓰기

한 나라에서 출발해 다른 나라로 들어가기 위해서는 입국신고서와 세관신고서를 써야 해요. 입국신고서는 안 쓰는 국가도 있지만, 세관신고서는 거의 쓴다고 보면 돼요. 식사가 정리된 후나 착륙 전에 승무원들이 길쭉한 종이를 들고 돌아다녀요. 쉬야오 루찡 딴 마?(需要入境单吗? Xūyào rùjìng dān ma? 입국신고서 필요하신가요?) 그럴 때 손을 들고 한 장 달라고 하세요. 작성법은 책의 앞부분에 나와 있어요. 잘 모르겠다면 주저하지 말고 주변의 도움을 요청하세요.

- ☑ 입국신고서 arrival card/immigration card
  入境单 rùjìng dān 루찡 딴
- ☑ 세관신고서 customs declaration form
  海关申报单 hǎiguān shēnbào dān 하이꽌 션빠오 딴

승무원

- 입국신고서 필요하세요? Anybody need this form?
  ➊ 需要入境单吗? Xūyào rùjìng dān ma?
- 세관신고서를 작성해 주세요. Fill out your customs form, please.
  ➊ 请填写海关申报单。 Qǐng tiānxiě hǎiguān shēnbào dān.

(신고서) 한 장 주세요.

请给我一张。 칭 게이 워 이 짱

Qǐng gěi wǒ yì zhāng.

(작성이 어렵다면) 좀 도와주시겠어요?
能帮我一下儿吗? 넝 빵 워 이시얼 마?
Néng bāng wǒ yíxiàr ma?

한국어로 된 양식이 있나요?
有韩语的入境单吗? 요 한위 더 루찡 딴 마?
Yǒu hányǔ de rùjìng dān ma?

(승무원에게) 펜 좀 주시겠어요?
能给我一支笔吗? 넝 게이 워 이 즐 비 마?
Néng gěi wǒ yì zhī bǐ ma?

(옆 사람에게) 펜 좀 써도 될까요?
能用一下你的笔吗? 넝 용 이시아 니 더 비 마?
Néng yòng yíxià nǐ de bǐ ma?

(잘 모르겠다면 승무원에게) 이것 좀 확인해 주시겠어요?
能帮我检查一下吗? 넝 빵 워 지엔차 이시아 마?
Néng bāng wǒ jiǎnchá yíxià ma?

(작성하다가 틀리면) 신고서 한 장 더 주시겠어요?
能再给我一张吗? 넝 짜이 게이 워 이 짱 마?
Néng zài gěi wǒ yì zhāng ma?

양해 구하기

여러 사람이 같힌 공간에 오랜 시간 함께 있다 보니 아무래도 불편한 일이 생기기 마련이에요. 좌석이 좁다면 더더욱 불편하다고 느낄 수 있는데, 그럴 때에는 당당하게, 얼굴 붉히지 말고 정중히 뿌 하오이쓰(不好意思。Bù hǎoyìsi.)라고 말을 걸면서 양해를 구하세요.

(남의 가방이 걸리적거릴 때) 가방 좀 치워 주시겠어요?
能移一下你的包吗? 넝 이 이시아 니 더 빠오 마?
Néng yí yíxià nǐ de bāo ma?

(앞자리 승객에게) 의자 좀 세워 주실래요?
能调直一下你的座椅吗?
넝 티아오즐 이시아 니 더 쭈어이 마?
Néng tiáozhí yíxià nǐ de zuòyǐ ma?

(시끄러울 때) 조용히 해 주시겠어요?
能小点儿声吗? 넝 샤오 디얼 셩 마?
Néng xiǎo diǎnr shēng ma?

(눈이 부실 때) 창 가리개 좀 내려 주시겠어요?
能把遮光板拉下来吗? 넝 바 쩌꽝반 라시아라이 마?
Néng bǎ zhēguāngbǎn lāxiàlai ma?

등 좀 꺼주시겠어요?
能关上灯吗? 넝 꽌샹 떵 마?
Néng guānshang dēng ma?

등을 켜도 될까요?
能打开灯吗? 넝 다카이 떵 마?
Néng dǎkāi dēng ma?

(뒷자리 승객에게) 자리를 발로 차지 말아 주실래요?
能不要踢我的座位吗?
넝 부야오 티 워 더 쭈어웨이 마?
Néng búyào tī wǒ de zuòwèi ma?

(안쪽 자리에서 통로로 나갈 때) 지나가도 될까요?
我能过去吗? 워 넝 꾸어취 마?
Wǒ néng guòqu ma?

(승무원에게) 비행기 도착 시간이 언제인가요?
飞机什么时候降落? 페이찌 션머 슬허우 찌앙루어?
Fēijī shénme shíhou jiàngluò?

도착 arrival **到达** dàodá 따오다	외국인 foreigner / visitor **外国人** wàiguó rén 와이구어 런
여권 passport **护照** hùzhào 후짜오	수하물 찾는 곳 baggage claim **行李提取** xíngli tíqǔ 싱리 티취
환승 연결편 connecting flight **转机** zhuǎnjī 좐찌	세관 customs **海关** hǎiguān 하이꽌
출구 exit **出口** chūkǒu 추커우	게이트 gate **登机口** dēngjī kǒu 떵찌 커우

입국

안전하게 입국심사 받기
무탈하게 세관신고 하기
비행기를 갈아탄다면
수하물 찾으러 가기
안내데스크에 묻기

원어민 음성

안전하게 입국심사 받기

드디어 도착! 비행기에서 작성한 입국신고서와 여권은 언제든 꺼내 보일 수 있게 챙겨 두세요. 만약의 경우에 대비해 묵을 숙소의 예약확인증과 돌아갈 비행기 표를 함께 챙기면 좋아요. 입국심사대에서 공항 직원은 여행의 목적과 체류 기간, 묵을 숙소 등에 대해 물어봐요.

직원

- 여권을 보여 주겠어요? May I see your passport?
  - 我能看一下你的护照吗?
    Wǒ néng kàn yíxià nǐ de hùzhào ma?

- 방문 목적은 무엇인가요? What is the purpose of your visit?
  - 访问目的是什么? Fǎngwèn mùdì shì shénme?

- 직업이 뭐죠? What do you do?
  - 你的工作是什么? Nǐ de gōngzuò shì shénme?

- 어디에서 묵나요? Where are you staying?
  - 住在哪儿? Zhùzài nǎr?

- 얼마나 머물 예정인가요? How long are you staying here?
  - 在这里多长时间? Zài zhèlǐ duō cháng shíjiān?

- 전에 방문한 적이 있나요? Have you ever been here before?
  - 以前来过吗? Yǐqián láiguo ma?

- 동행이 있나요? Is there anybody with you?
  - 有同伴吗? Yǒu tóngbàn ma?

- 돌아가는 항공권은 있나요? Do you have a return ticket?
  - 有返程票吗? Yǒu fǎnchéng piào ma?

(여권을 보여줄 때) 여기요.
给你。 게이 니
Géi nǐ.

(방문 목적을 묻는 말에) 휴가로 왔어요.
来这里度假。 라이 쩌리 뚜찌아
Lái zhèlǐ dùjià.

관광하러 왔어요.
来这里旅行。 라이 쩌리 뤼싱
Lái zhèlǐ lǚxíng.

친척 방문 차 왔어요.
来看亲人。 라이 칸 친런
Lái kàn qīnrén.

(직업을 묻는 말에) 저는 학생이에요.
我是学生。 워 슬 쉬에셩
Wǒ shì xuésheng.

저는 직장인이에요.
我是公司职员。 워 슬 꽁쓰 즐위엔
Wǒ shì gōngsī zhíyuán.

저는 주부예요.
我是家庭主妇。 워 슬 찌아팅 주푸
Wǒ shì jiātíng zhǔfù.

(퇴직해서 무직인 경우) 저는 은퇴했어요.
我退休了。 워 퉤이시우 러
Wǒ tuìxiū le.

(숙소를 묻는 말에) 플라자 호텔에 묵을 거예요.
我会住在Plaza酒店。 워 훼이 쭈짜이 플라자 지우띠엔
Wǒ huì zhùzài Plaza jiǔdiàn.

(숙소 예약확인증을 보여 주며) 여기에서 묵을 거예요.
我会住在这里。 워 훼이 쭈짜이 쩌리
Wǒ huì zhùzài zhèlǐ.

(머물 기간을 묻는 말에) 일주일간 머물 예정이에요.
我会待一个星期。 워 훼이 따이 이 거 싱치
Wǒ huì dāi yí ge xīngqī.

이번 주 일요일에 떠나요.
我这个星期天离开。 워 쩌거 싱치티엔 리카이
Wǒ zhège xīngqītiān líkāi.

(방문 횟수를 묻는 말에) 처음이에요.
我第一次来这里。 워 띠 이 츠 라이 쩌리
Wǒ dì yī cì lái zhèlǐ.

두 번째 방문이에요.
我第二次来这里。 워 띠 얼 츠 라이 쩌리
Wǒ dì èr cì lái zhèlǐ.

(동행을 묻는 말에) 저 혼자예요.
我一个人。 워 이 거 런
Wǒ yí ge rén.

모두 두 명이에요.
一共两个人。 이꽁 량 거 런
Yígòng liǎng ge rén.

저와 남편, 아들, 이렇게 세 명이에요.
我、我老公和儿子，一共三个人。
워, 워 라오꽁 허 얼쯔, 이꽁 싼 거 런
Wǒ, wǒ lǎogōng hé érzi, yígòng sān ge rén.

(돌아가는 항공권을 묻는 말에 표를 보여 주며) 여기 표예요.
这是我的机票。 쩌 슬 워 더 찌피아오
Zhè shì wǒ de jīpiào.

(돌아가는 항공권을 안 샀을 때) 곧 예약하려고 해요.
我还没买, 但是会马上预定。
워 하이 메이 마이, 딴슬 훼이 마샹 위띵
Wǒ hái méi mǎi, dànshì huì mǎshàng yùdìng.

(분위기가 이상해지면) 통역사를 불러 주세요.
我需要一个翻译。 워 쉬야오 이 거 판이
Wǒ xūyào yí ge fānyì.

무탈하게 세관신고 하기

도착 국가에서 하는 세관신고는 밀수품 여부와 관련해서 까다로워요. 또 면세 한도를 초과하는 물건을 소지하고 있다면 자진해서 신고하는 게 상책이에요. 그러지 않으면 적발되었을 때 벌금과 함께 2차 검사로도 이어질 수 있어요.

(가방을 열어 봐도 되냐는 말에) 물론이죠.
当然可以。 땅란 커이
Dāngrán kéyǐ.

직원

- 가방을 열어 주겠습니까? Would you please open your bag?
  - 您可以打开您的包吗? Nín kéyǐ dǎkāi nín de bāo ma?
- 가지고 계신 게 전부입니까? Is this all you have?
  - 这全都是你的吗? Zhè quándōu shì nǐ de ma?
- 또 다른 짐이 있나요? Do you have any other baggage?
  - 还有别的行李吗? Háiyǒu bié de xíngli ma?
- 세관에 신고할 게 있나요? Do you have anything to declare?
  - 有什么要申报的吗? Yǒu shénme yào shēnbào de ma?

(물건 용도를 묻는 말에) 제 개인 소지품이에요.

这是我的私人物品。 쩌 슬 워 더 쓰런 우핀

Zhè shì wǒ de sīrén wùpǐn.

친구들에게 줄 선물이에요.

这是送朋友的礼物。 쩌 슬 쏭 펑요 더 리우

Zhè shì sòng péngyou de lǐwù.

(다른 짐이 있는지 묻는 말에) 그게 다예요.

这是全部的。 쩌 슬 췐뿌 더

Zhè shì quánbù de.

신고할 게 없어요.

没有需要申报的。 메이요 쉬야오 션빠오 더

Méiyǒu xūyào shēnbào de.

(신고할 게 있을 때) 이걸 신고하고 싶어요.
我想申报这个。 워 샹 션빠오 쩌거
Wǒ xiǎng shēnbào zhège.

(세금을 내야 할 때) 세금이 얼마인가요?
税金是多少? 쉐이찐 슬 뚜어샤오?
Shuìjīn shì duōshao?

(카드를 보여 주며) 이 카드로 결제해도 될까요?
这个能刷卡吗? 쩌거 넝 슈아카 마?
Zhège néng shuākǎ ma?

비행기를 갈아탄다면

중간에 다른 나라를 경유하는 항공권을 예약했거나, 국제선을 타고 와서 그 나라의 국내선으로 바로 갈아탈 때, 공항에서 경유 또는 환승을 해야 해요. 상황에 따라 갈아타는 시간이 촉박할 수 있으니 승무원의 안내를 받는 것이 최선이에요.

(승무원에게) 저는 다른 비행기로 갈아탈 거예요.
我要转机。 워 야오 좐찌
Wǒ yào zhuǎnjī.

- ☑ 환승 transit/transfer
  换乘 huànchéng 환청 / **转机** zhuǎnjī 좐찌
- ☑ 국제선 international
  国际航班 guójì hángbān 구어찌 항빤
- ☑ 국내선 domestic
  国内航班 guónèi hángbān 구어네이 항빤
- ☑ 환승 호텔 transit hotel
  换乘酒店 huànchéng jiǔdiàn 환청 지우띠엔
- ☑ 짐 baggage **行李** xíngli 싱리

(표를 보여 주며) 어디에서 환승하나요?

在哪儿转机? 짜이 날 좐찌?
Zài nǎr zhuǎnjī?

(국내선으로 갈아탈 때) 국내선 터미널은 어디인가요?

国内航班在哪儿? 구어네이 항빤 짜이 날?
Guónèi hángbān zài nǎr?

어떤 게이트로 가야 하나요?

登机口是哪一个? 떵찌 커우 슬 나 이 거?
Dēngjī kǒu shì nǎ yí ge?

짐을 찾아야 하나요?
我要找我的行李吗? 워 야오 자오 워 더 싱리 마?
Wǒ yào zhǎo wǒ de xíngli ma?

가방을 다시 부쳐야 하나요?
我要重新托运行李吗?

워 야오 충씬 투어윈 싱리 마?
Wǒ yào chóngxīn tuōyùn xíngli ma?

(환승 대기 시간이 길 때) 공항 밖에 잠시 나갔다 와도 되나요?
我能暂时离开机场一下吗?

워 넝 짠슬 리카이 찌창 이시아 마?
Wǒ néng zànshí líkāi jīchǎng yíxià ma?

환승 비행기를 놓쳤어요.
我错过了换乘航班。 워 추워꾸얼 러 환청 항빤
Wǒ cuòguo le huànchéng hángbān.

수하물 찾으러 가기

위탁수하물을 찾는 곳은 항공편마다 달라요. 입국심사를 마치고 나오면 곳곳에 있는 스크린에서 항공편별 컨베이어 벨트 번호(传送带号码 chuánsòngdài hàomǎ 촨쏭따이 하오마)를 안내해 줘요. 그곳으로 찾아가서 조금 기다리면 컨베이어 벨트를 따라 나오는 가방들을 볼 수 있어요. 만약의 경우를 대비해 위탁수하물을 맡길 때 받았던 수하물 영수증(行李票 xíngli piào 싱리 피아오)을 잘 보관해 두세요. 아무리 기다려도 내 가방이 안 나온다면? 가방을 찾았는데 바퀴가 고장 난 채라면? 근처에 있는 서비스 데스크에 가서 사고신고서를 작성하세요.

☑ 수하물 찾는 곳 baggage claim
行李提取 xíngli tíqǔ 싱리 티취

직원

· 항공편명이 뭔가요? What is your flight number?
  ○ 你的航班号是什么? Nǐ de hángbān hào shì shénme?

· 5번 수하물 찾는 곳으로 가세요. Go to baggage claim number 5.
  ○ 请去5号行李转盘。 Qǐng qù wǔ hào xíngli zhuànpán.

· 수하물 영수증을 보여 주세요. Do you have your baggage claim tag?
  ○ 请给我看一下你的行李票。
     Qǐng gěi wǒ kàn yíxià nǐ de xíngli piào.

(타고 온 항공편을 보여 주며) 어디에서 수하물을 찾나요?

在哪儿取行李？ 짜이 날 취 싱리?

Zài nǎr qǔ xíngli?

(누군가 내 짐에 손대면) 그거 제 거예요.

这是我的。 쩌 슬 워 더

Zhè shì wǒ de.

(위탁수하물이 안 나올 때) 제 짐이 나오지 않았어요.

我的行李还没出来。

워 더 싱리 하이 메이 추라이

Wǒ de xíngli hái méi chūlai.

제 짐을 찾아줄 수 있나요?

能帮我找一下我的行李吗？

넝 빵 워 자오 이시아 워 더 싱리 마?

Néng bāng wǒ zhǎo yíxià wǒ de xíngli ma?

수하물 분실신고를 하려면 어디로 가야 하죠?

行李挂失要去哪里？

싱리 꽈 슬 야오 취 나리?

Xíngli guà shī yào qù nálǐ?

제 짐을 언제 돌려받을 수 있나요?
什么时候能拿到我的行李?
션머 슬허우 넝 나따오 워 더 싱리?
Shénme shíhou néng nádào wǒ de xíngli?

제 가방이 파손됐어요.
我的包坏了。
워 더 빠오 화이 러
Wǒ de bāo huài le.

(손해에 대해) 보상해 주세요.
请赔偿。
칭 페이창
Qǐng péicháng.

안내데스크에 묻기

짐 찾기까지 마쳤다면 이제 공항 밖으로 나가 본격적인 여행을 시작할 준비가 된 거예요. 보통 공항에는 시내 주요 지점으로 가는 공항버스가 있는데, 매표소가 공항 안에 있을 수도 있고, 공항 밖에 있을 수도 있으니 잘 찾아봐야 해요. 공항버스는 보통 1만원 안팎이고 현금으로 내도 돼요. 택시를 탄다면 미터기를 확인하고 돈을 내는 것이 좋아요. 운전자와 가격을 상의하면 바가지를 쓸 수 있으니 조심하세요. 가는 방법과 교통편을 미리 찾아보고 왔어도, 크고 번잡한 공항에서는 안내데스크로 가서 이것저것 물어보는 게 편하고 확실한 방법일 수 있어요.

- ☑ 관광안내소 tourism information
  旅游问询处 lǚyóu wènxún chù 뤼요 원쉰 추
- ☑ 안내데스크 information desk
  问询台 wènxúntái 원쉰타이
- ☑ 환전소 currency exchange
  外币兑换处 wàibì duìhuàn chù 와이삐 뛔이환 추
- ☑ 유심칩 SIM card 手机卡 shǒujī kǎ 셔우찌 카
- ☑ 공항 버스 airport shuttle
  机场大巴 jīchǎng dàbā 찌창 따빠
- ☑ 셔틀 버스 shuttle bus 班车 bānchē 빤처

(환전하려면) 환전하는 곳이 어디인가요?

请问, 在哪儿换钱? 칭원, 짜이 날 환치엔?

Qǐngwèn, zài nǎr huànqián?

(유심 구매하기) SIM 카드를 사는 곳이 어디인가요?

在哪儿可以买SIM卡? 짜이 날 커이 마이 심 카?

Zài nǎr kéyǐ mǎi SIM kǎ?

시내로 가는 열차를 타는 곳이 어디인가요?

在哪儿可以坐去市内的列车?

짜이 날 커이 쭈어 취 슬 네이 더 리에처?

Zài nǎr kéyǐ zuò qù shì nèi de lièchē?

(주소를 보여 주며) 여기까지 어떻게 가나요?
我怎么去那儿? 워 쩐머 취 날?
Wǒ zěnme qù nàr?

어디에서 내려야 하나요?
应该在哪儿下车? 잉까이 짜이 날 시아 처?
Yīnggāi zài nǎr xià chē?

표를 사는 곳이 어디인가요?
我在哪儿买票? 워 짜이 날 마이 피아오?
Wǒ zài nǎr mǎi piào?

지도 좀 주시겠어요?
我能要一张地图吗? 워 넝 야오 이 짱 띠투 마?
Wǒ néng yào yì zhāng dìtú ma?

어디에서 휴대폰을 충전할 수 있나요?
在哪儿可以给手机充电?
짜이 날 커이 게이 셔우찌 총띠엔?
Zài nǎr kěyǐ gěi shǒujī chōngdiàn?

버스 bus **公交车** gōngjiāo chē 꽁찌아오 처	버스 정류장 bus stop **公交车站** gōngjiāo chē zhàn 꽁찌아오 처 짠
전철 subway **地铁** dìtiě 띠티에	전철역 subway station **地铁站** dìtiě zhàn 띠티에 짠
기차 train **火车** huǒchē 후워처	기차역 train station **火车站** huǒchē zhàn 후워처 짠
택시 taxi **出租车** chūzūchē 추주처	택시 승강장 taxi stand **出租车乘车点** chūzūchē chéng chē diǎn 추주처 쳥 처 디엔
승차권 ticket **车票** chē piào 처 피아오	요금 fare **车费** chē fèi 처 페이

교통

교통편 묻기
승차권 사기
버스 타기
지하철 타기
기차 타기
택시 타기

원어민 음성

교통편 묻기

여행지의 교통편에 대해서 미리 알아두고 준비해도, 예기치 않은 종종 일이 생겨요. 반대 방향으로 가거나, 엉뚱한 차를 타거나, 길을 잃거나. 처음 가는 곳이니 당연해요. 훌륭한 교통 앱들이 많지만, 현지인의 도움을 받아 보는 것도 좋은 추억이 될 수 있어요. 뿌 하오이쓰(不好意思。)로 말문을 트세요.

- ☑ 급행 express 快车 kuàichē 콰이처
- ☑ 승차권 ticket 车票 chē piào 처 피아오
- ☑ 승강장 platform 站台 zhàntái 짠타이

(장소를 보여 주며) 이곳으로 어떻게 가나요?

我怎么去这个地方? 워 쩐머 취 쩌거 띠팡?

Wǒ zěnme qù zhège dìfang?

어떤 차를 타야 하나요?

应该坐什么车? 잉까이 쭈어 선머 처?

Yīnggāi zuò shénme chē?

표는 어디에서 살 수 있나요?

应该在哪儿买票? 잉까이 짜이 날 마이 피아오?

Yīnggāi zài nǎr mǎi piào?

급행을 타려면 어디로 가야 하나요?
应该在哪儿坐快车? 잉까이 짜이 날 쭈어 콰이처?
Yīnggāi zài nǎr zuò kuàichē?

어느 승강장으로 가야 하나요?
应该去哪个站台? 잉까이 취 나 거 짠타이?
Yīnggāi qù nǎ ge zhàntái?

이 승강장이 맞나요?
这个站台对吗? 쩌거 짠타이 뛔이 마?
Zhège zhàntái duì ma?

이 버스는 어디로 가나요?
这辆车去那儿? 쩌 량 처 취 날?
Zhè liàng chē qù nǎr?

차가 언제 떠나나요?
什么时候发车? 션머 슬허우 파 처?
Shénme shíhou fā chē?

승차권 사기

지하철 승차권은 무인발매기(自动售票机 zìdòng shòupiàojī 쯔똥 셔우피아오찌)에서 살 수 있어요. 하지만 기차 승차권은 무인발매기에서 살 때 중국 신분증이 필요하기 때문에 매표소에서 표를 구해야 해요. 매표소 창구에서 직원에게 표를 살 때에는 칭원(请问 qǐngwèn 실례합니다)으로 말을 시작해요.

- ☑ 어른 adult 全票 quán piào 췐 피아오 / 成人票 chéngrén piào 청런 피아오
- ☑ 어린이 child 半票 bàn piào 빤 피아오 / 儿童票 értóng piào 얼통 피아오
- ☑ 목적지 destination 目的地 mùdìdì 무띠띠
- ☑ 편도 one-way 单程 dānchéng 딴청
- ☑ 왕복 round-trip 往返 wángfǎn 왕판

직원

- 어디까지 가십니까? Destination?
  - ❍ 你要去哪儿? Nǐ yào qù nǎr?
- 편도요, 왕복이요? One-way or round-trip?
  - ❍ 单程还是往返? Dānchéng háishi wángfǎn?
- 왕복표 필요하세요? Do you need a round-trip ticket?
  - ❍ 需要往返票吗? Xūyào wángfǎn piào ma?
- 시내에서 버스를 지하철로 바꿔 타세요. You should transfer from the bus to the subway downtown.
  - ❍ 在市内换乘地铁. Zài shì nèi huànchéng dìtiě.

어른 한 장 주세요.
请给我一张成人票。 칭 게이 워 이 짱 청런 피아오
Qǐng gěi wǒ yì zhāng chéngrén piào.

어른 두 장 주세요.
请给我两张成人票。 칭 게이 워 량 짱 청런 피아오
Qǐng gěi wǒ liǎng zhāng chéngrén piào.

(행선지를 말할 때) 중앙역으로 가요.
去中央站,谢谢。 취 쫑양 짠, 씨에씨에
Qù zhōngyāng zhàn, xièxie.

(돌아오는 표까지 끊을 때) 왕복표로 주세요.
请给我往返票。 칭 게이 워 왕판 피아오
Qǐng gěi wǒ wǎngfǎn piào.

(요금이) 얼마인가요?
多少钱? 뚜어샤오 치엔?
Duōshao qián?

어른 한 명 요금은 얼마인가요?
一张成人票多少钱?
이 짱 청런 피아오 뚜어샤오 치엔?
Yì zhāng chéngrén piào duōshao qián?

시내까지 요금이 얼마인가요?
到市内多少钱? 따오 슬 네이 뚜어샤오 치엔?
Dào shì nèi duōshao qián?

버스 노선도 한 장 주시겠어요?
能给我一张公交路线图吗?
넝 게이 워 이 짱 꽁찌아오 루씨엔 투 마?
Néng gěi wǒ yì zhāng gōngjiāo lùxiàn tú ma?

첫차 시간이 언제인가요?
第一趟车是什么时候? 띠 이 탕 처 슬 션머 슬허우?
Dì yí tàng chē shì shénme shíhou?

막차 시간이 언제인가요?
末班车是什么时候? 모어빤처 슬 션머 슬허우?
Mòbānchē shì shénme shíhou?

다음 차는 언제 오나요?
下一趟车是什么时候?
시아 이 탕 처 슬 션머 슬허우?
Xià yí tàng chē shì shénme shíhou?

(환승할 때) 어디에서 갈아타나요?
我应该在哪儿换乘? 워 잉까이 짜이 날 환청?
Wǒ yīnggāi zài nǎr huànchéng?

승차권 발매기가 있나요?
有自动售票机吗? 요 쯔똥 셔우피아오찌 마?
Yǒu zìdòng shòupiàojī ma?

승차권 발매기가 어디에 있나요?
自动售票机在哪儿? 쯔똥 셔우피아오찌 짜이 날?
Zìdòng shòupiàojī zài nǎr?

좀 도와주시겠어요?
能帮我一下吗? 넝 빵 워 이시아 마?
Néng bāng wǒ yíxià ma?

승차권 발매기

全票
quán piào
췐 피아오
(성인) 일반 요금 full fare

买票
mǎi piào
마이 피아오
탑승권 구매 purchase ticket

放入
fàngrù
팡루
(요금을) 넣다 insert

支付
zhīfù
즈푸
지불금 payment

支付额
zhīfù é
즈푸 으어
지불액 amount due

加一张票
jiā yì zhāng piào
찌아 이 짱 피아오
표 추가 additional tickets

硬币
yìngbì
잉삐
동전 coins

纸币
zhǐbì
즈삐
지폐 bills

有效
yǒu xiào
요 시아오
유효 valid

到期
dào qī
따오 치
만료 expires

后退	取消
hòutuì	qǔxiāo
허우퉤이	취샤오
뒤로 가기 back	취소 cancel

버스 타기

중국 버스는 잔돈을 거슬러 주지 않기 때문에 버스를 탈 때에는 반드시 1원짜리 잔돈을 준비하는 것이 좋아요. 중국에도 교통카드가 있기는 하지만 예치금이 필요하기 때문에 특히 단기 여행을 하는 외국인이 쓰기에는 적합하지 않아요. 잔돈이 없다면 차 안의 다른 승객에게 **넝 허 워 환 이시에 링치엔 마?(能和我换一些零钱吗?** Néng hé wǒ huàn yìxiē língqián ma? 잔돈 좀 바꿔주시겠어요?)라고 말하면서 도움을 청하세요. 다만 알리페이와 위챗 대금 지불이 매우 편리하기 때문에 현금을 가지고 다니는 중국인들이 점점 줄어들고 있다는 점은 알아두세요.

- ☑ 버스bus **公交车** gōngjiāo chē 꽁찌아오 처
- ☑ 버스 정류장bus stop
  公交车站 gōngjiāo chē zhàn 꽁찌아오 처 짠

버스 정류장이 어디에 있나요?

公交车站在哪儿? 꽁찌아오 처 짠 짜이 날?
Gōngjiāo chē zhàn zài nǎr?

이 버스가 시내로 가는 버스인가요?

这是去市内的公交车吗?

쩌 슬 취 슬 네이 더 꽁찌아오 처 마?

Zhè shì qù shì nèi de gōngjiāo chē ma?

(버스를 타면서 기사에게) 시내로 가나요?

去市内吗? 취 슬 네이 마?

Qù shì nèi ma?

도착하면 알려주시겠어요?

到了能告诉我吗? 따오 러 넝 까오쑤 워 마?

Dào le néng gàosu wǒ ma?

저는 다음 정거장에서 내려요.

我在下一站下车。 워 짜이 시아 이 짠 시아 처

Wǒ zài xià yí zhàn xià chē.

(다른 승객에게) 하차 벨 좀 눌러주세요.

请按一下铃。 칭 안 이시아 링

Qǐng àn yíxià líng.

지하철 타기

지하철은 다른 교통수단에 비해 운행이 정확하고, 이동이 빠르기 때문에 많은 사람들이 이용해요. 복잡하고 큰 역에서는 탑승 방향을 헷갈릴 수 있으니, 그럴 땐 주저하지 말고 주변의 도움을 요청해 보세요. 지하철은 버스보다 많은 사람들을 운반하기 때문에 그만큼 도움을 줄 수 있는 친절한 사람들도 많아요.

- ☑ 전철 subway **地铁** dìtiě 띠티에
- ☑ 전철역 subway station **地铁站** dìtiě zhàn 띠티에 짠
- ☑ 지하철 노선 subway line **地铁线** dìtiě xiàn 띠티에 씨엔
- ☑ 출구 exit **出口** chūkǒu 추커우

근처에 지하철역이 있나요?

附近有地铁站吗? 푸찐 요 띠티에 짠 마?
Fùjìn yǒu dìtiě zhàn ma?

시내로 가려면 어떤 노선을 타야 하나요?

去市内要坐几号线?
취 슬 네이 야오 쭈어 지 하오 씨엔?
Qù shì nèi yào zuò jǐ hào xiàn?

시내로 가려면 어디에서 내려야 하나요?
到市内应该在哪儿下车?
따오 슬 네이 잉까이 짜이 날 시아 처?
Dào shì nèi yīnggāi zài nǎr xià chē?

(도착지를 가리키며)
여기로 가려면 어떤 노선을 타야 하나요?
去这儿要坐几号线? 취 쩔 야오 쭈어 지 하오 씨엔?
Qù zhèr yào zuò jǐ hào xiàn?

시내까지 몇 정거장을 더 가야 하나요?
到市内还有几站? 따오 슬 네이 하이 요 지 짠?
Dào shì nèi hái yǒu jǐ zhàn?

지하철 노선표를 어디에서 얻을 수 있나요?
在哪儿可以拿到地铁图?
짜이 날 커이 나따오 띠티에 투?
Zài nǎr kéyī nádào dìtiě tú?

몇 번 출구로 나가면 되나요?
从几号出口出去? 총 지 하오 추커우 추취?
Cóng jǐ hào chūkǒu chūqù?

현지인

- 4호선으로 갈아타세요. Transfer to line no. 4.
  - ○ 换乘4号线。 Huànchéng sì hào xiàn.
- 1번 출구로 나가세요. Use exit no. 1.
  - ○ 从1号出口出去。 Cóng yī hào chūkǒu chūqù.

기차 타기

중국에서 기차를 탈 때는 기차의 종류에 주의하세요. 중국에는 고속철과 일반 기차가 있는데, 두 기차의 속도 차이가 엄청나요. 고속철은 속도가 정말 빨라서 일반 기차에 있는 침대칸이 없어요. 또 고속철의 이등석은 '좌석 없음, 입석 (无座 wú zuò 우쭈어)'과 가격이 같기 때문에, 티켓을 살 때 입석과 이등석을 구분하여 필요한 티켓을 살 수 있도록 주의해야 해요. 때때로 승무원이 여권을 검사할 때도 있으므로 승차권과 여권을 함께 준비하는 것이 좋아요.

- ☑ 고속철 high-speed railway
  高铁 gāo tiě 까오 티에 / **动车** dòng chē 똥처
- ☑ 일반 기차 ordinary train
  一般火车 yìbān huǒchē 이빤 후워처
- ☑ 복도 쪽 좌석 aisle seat **靠过道的座位**
  kào guòdào de zuòwèi 카오 꾸어따오 더 쭈어웨이
- ☑ 창가 쪽 좌석 window seat
  靠窗座位 kào chuāng zuòwèi 카오 촹 쭈어웨이

- ☑ 비즈니스석 business class
  商务座 shāngwù zuò 샹우 쭈어
- ☑ 일등석 first class 一等座 yī děng zuò 이 덩 쭈어
- ☑ 이등석 second class 二等座 èr děng zuò 얼 덩 쭈어
- ☑ 딱딱한 좌석 hard seat 硬座 yìng zuò 잉 쭈어
- ☑ 푹신한 좌석 soft seat 软座 ruǎn zuò 롼 쭈어
- ☑ 딱딱한 침대 hard sleeper 硬卧 yìng wò 잉 워
- ☑ 푹신한 침대 soft sleeper 软卧 ruǎn wò 롼 워
- ☑ 위쪽 침대 upper berth 上铺 shàng pù 샹 푸
- ☑ 가운데 침대 middle berth 中铺 zhōng pù 쫑 푸
- ☑ 아래쪽 침대 lower berth 下铺 xià pù 시아 푸
- ☑ 식당칸 dining car 餐车 cān chē 찬 처
- ☑ 1호차 car no. 1
  一号车厢 yī hào chēxiāng 이 하오 처샹

매표소가 어디에 있나요?
售票窗口在哪儿? 셔우피아오 촹커우 짜이 날?
Shòupiào chuāngkǒu zài nǎr?

어디에서 시간표를 볼 수 있나요?
列车时间表在哪儿?
리에처 슬찌엔비아오 짜이 날?
Lièchē shíjiānbiǎo zài nǎr?

창가 쪽 좌석 한 장 주세요.

请给我一个靠窗的座位。

칭 게이 워 이 거 카오 촹 더 쭈어웨이

Qǐng géi wǒ yí ge kào chuāng de zuòwèi.

침대칸으로 한 장 주세요.

请给我一张卧铺票。

칭 게이 워 이 짱 워푸 피아오

Qǐng géi wǒ yì zhāng wòpù piào.

어디에서 기차를 타나요?

在哪儿坐火车? 짜이 날 쭈어 후워처?

Zài nǎr zuò huǒchē?

이 기차가 북경 행이 맞나요?

这是去北京的火车吗?

쩌 슬 취 베이징 더 후워처 마?

Zhè shì qù Běijīng de huǒchē ma?

(직원에게 표를 보여 주며) 제가 어디로 가야 하나요?

我应该去哪儿? 워 잉까이 취 날?

Wǒ yīnggāi qù nǎr?

(승무원에게 표를 보여 주며)
제가 이 기차에 타는 게 맞나요?

我坐对车了吗? 워 쭈어 뛔이 처 러 마?

Wǒ zuò duì chē le ma?

(내 자리에 앉은 승객에게)
제 자리에 앉으신 것 같은데요.

不好意思, 你坐了我的座位。

뿌 하오이쓰, 니 쭈어 러 워 더 쭈어웨이

Bù hǎoyìsi, nǐ zuò le wǒ de zuòwèi.

(지정석이 없을 때) 이 자리 주인이 있나요?

这里有人吗? 쩌리 요 런 마?

Zhèlǐ yǒu rén ma?

여기에 앉아도 되나요?

我能坐这里吗? 워 넝 쭈어 쩌리 마?

Wǒ néng zuò zhèlǐ ma?

(안쪽 자리로 들어갈 때) 들어가도 될까요?

不好意思, 我能过去吗?

뿌 하오이쓰, 워 넝 꾸어취 마?

Bù hǎoyìsi, wǒ néng guòqu ma?

식당칸이 어디인가요?

餐车在哪儿? 찬 처 짜이 날?
Cān chē zài nǎr?

(열차가 잠시 정차했을 때)

여기서 얼마 동안 정차하나요?

在这儿停多长时间? 짜이 쩔 팅 뚜어창 슬찌엔?
Zài zhèr tíng duō cháng shíjiān?

승무원

- 표 좀 보여 주세요. May I see your ticket, please?
- 我能看一下你的票吗?
  Wǒ néng kàn yíxià nǐ de piào ma?

택시 타기

택시는 다른 대중교통에 비해 비싸지만, 여러 번 환승해야 하는 곳에 가거나 많은 짐을 갖고 이동할 때에는 이만큼 편한 게 없어요. 안전한 경로를 이용해 제때에 택시를 이용하면 여행지에서 색다른 경험을 쌓을 수 있어요. 중국에서 택시를 탈 때는 미터기에 적힌 가격대로 비용을 지불하세요. 기사와 상의하면 바가지를 쓰는 경우도 있어요.

- ☑ 택시 taxi 出租车 chūzūchē 추주처
- ☑ 택시 승강장 taxi stand 出租车乘车点
  chūzūchē chéng chē diǎn 추주처 청 처 디엔

어디에서 택시를 타나요?
在哪儿可以打车? 짜이 날 커이 다처?
Zài nǎr kéyǐ dǎchē?

(숙소에서) 택시 좀 불러 주세요.
请帮我叫一辆出租车。
칭 빵 워 찌아오 이 량 추주처
Qǐng bāng wǒ jiào yí liàng chūzū chē.

공항으로 가 주세요.

请去机场。 칭 취 찌창

Qǐng qù jīchǎng.

이 주소로 가주세요.

请到这个地方去。 칭 따오 쩌거 띠팡 취

Qǐng dào zhège dìfang qù.

(요금을 흥정할 때) 너무 비싸요.

太贵了。 타이 꾸에이 러

Tài guì le.

짐을 트렁크에 실어도 되나요?

我能把这个放后备箱吗?

워 넝 바 쩌거 팡 허우뻬이샹 마?

Wǒ néng bǎ zhège fàng hòubèixiāng ma?

트렁크 좀 열어 주시겠어요?

能打开后备箱吗?

넝 다카이 허우뻬이샹 마?

Néng dǎkāi hòubèixiāng ma?

(더우면) 에어컨 좀 틀어 주실래요?
能开一下空调吗? 넝 카이 이시아 콩티아오 마?
Néng kāi yíxià kōngtiáo ma?

(히터 바람이 세면) 히터 좀 꺼 주실래요?
能关一下暖风吗? 넝 꽌 이시아 놘펑 마?
Néng guān yíxià nuǎnfēng ma?

얼마나 걸리나요?
要多长时间? 야오 뚜어창 슬찌엔?
Yào duōcháng shíjiān?

(너무 느리면) 더 빨리 가 주시겠어요?
能快点儿吗? 넝 콰이 디알 마?
Néng kuài diǎnr ma?

(너무 빨리 가면) 속도를 늦춰 주세요.
请慢点儿。 칭 만 디알
Qǐng màn diǎnr.

목적지에 아직 도착하지 않았나요?
还没到吗? 하이 메이 따오 마?
Hái méi dào ma?

여기에서 세워 주실래요?
能在这儿停吗? 넝 짜이 쩔 팅 마?
Néng zài zhèr tíng ma?

(요금이) 얼마인가요?
多少钱? 뚜어샤오 치엔?
Duōshao qián?

잔돈은 거슬러 주세요.
请找给我零钱。 칭 자오 게이 워 링치엔
Qǐng zhǎo gěi wǒ língqián.

절 태운 곳으로 다시 갈 수 있나요?
能回到我上车的地方吗?
넝 훼이따오 워 샹 처 더 띠팡 마?
Néng huídào wǒ shàng chē de dìfang ma?

(내렸다가 다시 타야 할 때) 여기에서 기다려 주세요.
请等我一下。 칭 덩 워 이시아
Qǐng děng wǒ yíxià.

호텔 hotel	객실 room
酒店	**客房**
jiǔdiàn	kèfáng
지우띠엔	커팡

프런트 데스크 reception	안내 concierge
前台	**服务台**
qiántái	fúwùtái
치엔타이	푸우타이

체크인 check-in	체크아웃 check-out
入住	**退房**
rùzhù	tuìfáng
루쭈	퉤이팡

예약 reservation	보증금 deposit
预约	**押金**
yùyuē	yājīn
위위에	야찐

숙소

체크인하기
편의시설 물어보기
현지에서 숙소 잡기
객실용품 요청하기
객실에 문제가 있을 때
체크아웃하기

원어민 음성

체크인하기

숙소의 프런트에 여권을 보여 주면, 직원이 보고 예약을 확인해요. 신상 정보를 기입하는 체크인 양식을 주기도 하고요. 보증금을 요구하기도 하는데, 이건 투숙객의 기물파손에 대비하는 절차예요. 기물파손이 없다면 보증금은 체크아웃할 때 돌려받아요. 그러니 보증금 영수증은 꼭 챙기세요. 요즘은 현금보다는 신용카드로 결제해서 체크아웃할 때 문제가 없다면 보증금 결제 승인이 취소된다고 해요. 중국은 이제 호텔의 종류가 다양해져서 일반 호텔 말고도 많은 유스호스텔과 민박집들이 있어요. 젊은층은 유스호스텔의 특색을 경험해 보는 것도 좋습니다. 값싸고 괜찮은 카페도 있고, 밤에는 종종 파티도 열리기 때문에 새로운 친구들을 만날 수도 있어요.

- ☑ 체크인 check-in 入住 rùzhù 루쭈
- ☑ 여권 passport 护照 hùzhào 후짜오
- ☑ 예약확인서 voucher
  预约确认书 yùyuē quèrèn shū 위위에 취에런 슈
- ☑ 보증금 deposit 押金 yājīn 야찐
- ☑ 현금 cash 现金 xiànjīn 씨엔찐
- ☑ 신용카드 credit card 信用卡 xìnyòngkǎ 씬용카

체크인할게요.
我要办理入住。 워 야오 빤리 루쭈
Wǒ yào bànlǐ rùzhù.

여기 제 여권이랑 예약확인서요.
这是我的护照和预约单。
쩌 슬 워 더 후짜오 허 위위에 딴
Zhè shì wǒ de hùzhào hé yùyuē dān.

제 이름으로 예약했어요.
是用我的名字预约的。
슬 용 워 더 밍쯔 위위에 더
Shì yòng wǒ de míngzi yùyuē de.

(일찍 왔을 때) 지금 체크인할 수 있나요?
现在可以入住吗? 씨엔짜이 커이 루쭈 마?
Xiànzài kéyǐ rùzhù ma?

짐 좀 보관해 주시겠어요?
可以存一下行李吗? 커이 춘 이시아 싱리 마?
Kéyǐ cún yíxià xíngli ma?

직원

- 이 양식을 쓰시고 서명하세요. Fill out this form and sign here, please.
  - ◐ 请填写这张表并签字。
    Qǐng tiánxiě zhè zhāng biǎo bìng qiānzì.
- 보증금을 내셔야 합니다. You have to pay a deposit.
  - ◐ 要付押金。 Yào fù yājīn.
- 보증금은 반환됩니다. The deposit is going to be returned.
  - ◐ 押金会退还给你。 Yājīn huì tuìhuán gěi nǐ.
- 계산은 어떻게 하시겠습니까? How would you like to pay?
  - ◐ 你想怎么付钱? Nǐ xiǎng zěnme fù qián?

(인원이 추가됐을 때) 추가 침대가 필요해요.

需要加一张床。 쉬야오 찌아 이 짱 촹

Xūyào jiā yì zhāng chuáng.

추가 요금이 있나요?

需要另外加钱吗? 쉬야오 링와이 찌아 치엔 마?

Xūyào lìngwài jiā qián ma?

체크아웃은 몇 시인가요?

退房时间是什么时候?

퉤이팡 슬찌엔 슬 션머 슬허우?
Tuìfáng shíjiān shì shénme shíhou?

현금으로 낼게요.
我付现金。 워 푸 씨엔찐
Wǒ fù xiànjīn.

신용카드로 낼게요.
我刷卡。 워 슈아카
Wǒ shuākǎ.

객실을 업그레이드할 수 있나요?
我可以升级我的客房吗?

워 커이 셩지 워 더 커팡 마?
Wǒ kéyǐ shēngjí wǒ de kèfáng ma?

전망이 좋은 방으로 주세요.
我想要一个视野好的房间。

워 샹야오 이 거 슬예 하오 더 팡찌엔
Wó xiǎngyào yí ge shìyě hǎo de fángjiān.

바다가 보이는 방으로 주세요.
我想要一个海景房。

워 샹야오 이 거 하이징 팡
Wó xiǎngyào yí ge háijǐng fǎng.

편의시설 물어보기

숙소 종류에 따라 다양한 편의시설을 누릴 수 있어요. 요즘은 와이파이가 안 되는 숙소가 없잖아요. 와이파이 비밀번호는 기본으로 받아야죠. 체크인할 때 이런 편의시설의 위치나 이용 방법, 이용 시간 등에 대해서 충분히 안내받으세요.

> ☑ 조식 breakfast **早餐** zǎocān 자오찬
>
> ☑ 모닝콜 wake-up call
> **叫醒服务** jiàoxǐng fúwù 찌아오싱 푸우
>
> ☑ 비밀번호 password **密码** mìmǎ 미마

조식은 어디에서 먹을 수 있나요?

在哪儿吃早餐? 짜이 날 츠 자오찬?
Zài nǎr chī zǎocān?

조식은 몇 시부터 하나요?

早餐几点开始? 자오찬 지 디엔 카이슬?
Zǎocān jí diǎn kāishǐ?

조식은 언제 끝나나요?

早餐几点结束? 자오찬 지 디엔 지에슈?
Zǎocān jí diǎn jiéshù?

조식은 방에서 먹을 거예요.
我想在房间吃早饭。 워 샹 짜이 팡찌엔 츨 자오 판
Wǒ xiǎng zài fángjiān chī zǎo fàn.

모닝콜 좀 해 주세요.
请叫醒我。 칭 찌아오싱 워
Qǐng jiàoxǐng wǒ.

와이파이가 있나요?
有Wi-Fi吗? 요 와이파이 마?
Yǒu Wi-Fi ma?

비밀번호가 뭔가요?
密码是什么? 미마 슬 션머?
Mìmǎ shì shénme?

어디에서 컴퓨터를 쓸 수 있나요?
在哪儿可以用电脑? 짜이 날 커이 용 띠엔나오?
Zài nǎr kéyǐ yòng diànnǎo?

- ☑ 세탁 서비스 laundry service
  洗衣服务 xǐ yī fúwù 시 이 푸우
- ☑ 방 청소 서비스 housekeeping
  清扫服务 qīngsǎo fúwù 칭사오 푸우
- ☑ 무료 생수 complimentary water
  免费矿泉水 miǎnfèi kuàngquánshuǐ 미엔페이 쾅췐쉐이
- ☑ 귀중품 valuables
  贵重物品 guìzhòng wùpǐn 꿰이쫑 우핀

세탁 서비스가 있나요?
有洗衣服务吗? 요 시 이 푸우 마?
Yǒu xī yī fúwù ma?

제 셔츠를 세탁하고 싶어요.
我想洗一下我的衬衫。
워 샹 시 이시아 워 더 천샨
Wó xiǎng xǐ yíxià wǒ de chènshān.

객실에 무료 생수가 제공되나요?
房间里有免费矿泉水吗?
팡찌엔 리 요 미엔페이 쾅췐쉐이 마?
Fángjiān lǐ yǒu miǎnfèi kuàngquánshuǐ ma?

(프런트에) 귀중품을 맡기고 싶어요.
我想存一下贵重物品。 워 샹 춘 이시아 꿰이쫑 우핀
Wǒ xiǎng cún yíxià guìzhòng wùpǐn.

(맡긴 것을 찾을 때) 제 귀중품을 찾을게요.
我想取一下我的贵重物品。
워 샹 취 이시아 워 더 꿰이쫑 우핀
Wǒ xiǎng qǔ yíxià wǒ de guìzhòng wùpǐn.

- ☑ 호텔 내 식당 dining area
  酒店餐厅 jiǔdiàn cāntīng 지우띠엔 찬팅
- ☑ 수영장 pool 游泳池 yóuyǒng chí 요용 츠
- ☑ 헬스장 gym 健身房 jiànshēnfáng 찌엔션팡
- ☑ 온천 spa 温泉 wēnquán 원췐
- ☑ 셔틀 버스 shuttle bus 班车 bānchē 빤처

수영장에 어떻게 가나요?
怎么去游泳池? 쩐머 취 요용 츠?
Zěnme qù yóuyǒng chí?

수영장이 문 닫는 시간은 언제인가요?
游泳池什么时候关门? 요용 츠 션머 슬허우 꽌먼?
Yóuyǒng chí shénme shíhou guānmén?

방으로 짐 좀 옮겨 주시겠어요?
能把行李拿到房间吗?
넝 바 싱리 나따오 팡찌엔 마?
Néng bǎ xíngli nádào fángjiān ma?

공항으로 가는 셔틀버스가 있나요?
有去机场的班车吗? 요 취 찌창 더 빤처 마?
Yǒu qù jīchǎng de bānchē ma?

좌석을 예약해야 하나요?
要预约座位吗? 야오 위위에 쭈어웨이 마?
Yào yùyuē zuòwèi ma?

셔틀버스 시간표를 얻을 수 있을까요?
能要一张班车时间表吗?
넝 야오 이 짱 빤처 슬찌엔비아오 마?
Néng yào yì zhāng bānchē shíjiānbiǎo ma?

관광할 만한 곳이 있나요?
有值得去的景点吗? 요 즐 더 취 더 징디엔 마?
Yǒu zhí dé qù de jǐngdiǎn ma?

(관광지의) 주소를 알려주실 수 있나요?

能告诉我地址吗? 넝 까오쑤 워 띠즐 마?
Néng gàosù wǒ dìzhǐ ma?

현지에서 숙소 잡기

보통은 여행 출발 전에 묵을 숙소를 예약하지만, 장기 여행자들 중에서는 현지에서 숙소를 잡는 분들도 많아요. 현지에서 직접 숙소들을 둘러보면 인터넷으로 보는 것과 다른 객실 상태와 숙소의 분위기를 파악할 수 있다는 장점이 있어요. 간혹 숙박비에 조식이 포함되지 않는 호텔들이 있기 때문에 조식 포함 여부를 정확히 확인하세요.

- ☑ 1인실 single room
  单人间 dān rén jiān 딴 런 찌엔
- ☑ 2인실 double room
  双人间 shuāng rén jiān 슈앙 런 찌엔
- ☑ 1인용 침대 2개 twin room
  双标间 shuāng biāo jiān 슈앙 삐아오 찌엔
- ☑ 3인실 triple room
  三人间 sān rén jiān 싼 런 찌엔
- ☑ 가족실 family room
  家庭房 jiātíng fáng 찌아팅 팡

> ☑ 금연 객실 nonsmoking room
> **无烟房** wú yān fáng 우 옌 팡
> ☑ 흡연 객실 smoking room
> **吸烟房** xīyān fáng 씨옌 팡

방이 있나요?

有房间吗? 요 팡찌엔 마?

Yǒu fángjiān ma?

(혼자일 때) 1인실 하나 주세요.

我想要一个单人间。

워 샹야오 이 거 딴 런 찌엔

Wǒ xiǎngyào yí ge dān rén jiān.

3인실이 있나요?

有三人间吗? 요 싼 런 찌엔 마?

Yǒu sān rén jiān ma?

일주일간 묵을 거예요.

我要住一周。 워 야오 쭈 이 쩌우

Wǒ yào zhù yì zhōu.

하루 숙박비가 얼마인가요?
一天多少钱? 이 티엔 뚜어샤오 치엔?
Yì tiān duōshao qián?

(숙박비에) 조식 포함인가요?
包含早餐吗? 빠오한 자오찬 마?
Bāohán zǎocān ma?

세금이 포함된 가격인가요?
包含税金吗? 빠오한 쉐이찐 마?
Bāohán shuìjīn ma?

방을 봐도 될까요?
我能看一下房间吗? 워 넝 칸 이시아 팡찌엔 마?
Wǒ néng kàn yíxià fángjiān ma?

(숙소에) 픽업 서비스가 있나요?
有接送服务吗? 요 찌에쏭 푸우 마?
Yǒu jiēsòng fúwù ma?

객실용품 요청하기

숙소 유형에 따라서 객실용품(客房用品 kèfáng yòngpǐn 커팡 용핀)이 제공될 수도 있고, 아예 없을 수도 있어요. 예약할 때 숙소에서 제공하는 객실용품의 범위를 미리 알아두고, 부족한 것은 짐 쌀 때 챙겨야 해요. 부족한 객실용품은 당당하게 요구하세요.

- ☑ 수건 towel 毛巾 máojīn 마오찐
- ☑ 베개 pillow 枕头 zhěntou 전터우
- ☑ 비누 soap 香皂 xiāngzào 샹짜오
- ☑ 칫솔 toothbrush 牙刷 yáshuā 야슈아
- ☑ 치약 toothpaste 牙膏 yágāo 야까오
- ☑ 바디워시 body wash 沐浴露 mùyù lù 무위 루
- ☑ 샴푸 shampoo 洗发水 xǐ fà shuǐ 시 파 쉐이
- ☑ 린스 hair conditioner 护发素 hù fà sù 후 파 쑤
- ☑ 빗 hair brush 梳子 shūzi 슈쯔
- ☑ 헤어드라이어 hair dryer 吹风机 chuīfēngjī 췌이펑찌
- ☑ 옷걸이 hanger 衣挂 yī guà 이 꽈
- ☑ 화장실 휴지 toilet paper 卫生纸 wèishēngzhǐ 웨이성즐
- ☑ 면도기 razor 刮胡刀 guā hú dāo 꽈 후 따오
- ☑ 충전기 charger 充电器 chōngdiànqì 총띠엔치
- ☑ 플러그 plug 插头 chātóu 차터우
- ☑ 우산 umbrella 雨伞 yúsǎn 위싼

수건이 더 필요해요.
我还需要毛巾。 워 하이 쉬야오 마오찐
Wǒ hái xūyào máojīn.

베개 하나 더 주시겠어요?
能再要一个枕头吗?
넝 짜이 야오 이 거 전터우 마?
Néng zài yào yí ge zhěntou ma?

화장실에 휴지가 없어요.
没有卫生纸了。 메이요 웨이셩즐 러
Méiyǒu wèishēngzhǐ le.

휴대폰 충전기를 빌려줄 수 있나요?
我能借一下手机充电器吗?
워 넝 찌에 이시아 셔우찌 총띠엔치 마?
Wǒ néng jiè yíxià shǒujī chōngdiànqì ma?

(전기 플러그가 맞지 않을 때)
전기 플러그를 빌려줄 수 있나요?
能借电插头吗? 넝 찌에 띠엔 차터우 마?
Néng jiè diàn chātóu ma?

우산 좀 빌려줄 수 있나요?
能借一下雨伞吗? 넝 찌에 이시아 위싼 마?
Néng jiè yíxià yúsǎn ma?

객실에 문제가 있을 때

여장을 푼 방에 문제가 생겼다면 바로 직원에게 알리고 상황을 개선하는 게 좋아요. 청결하지 않은 청소 상태, 시설 고장, 냄새, 소음 등 방을 바꿔야 할 상황이 생길 수도 있어요. 중국의 전압은 일반적으로 220볼트지만, 콘센트가 한국과 다른 경우가 많기 때문에 해외여행을 갈 때 어댑터를 준비해서 가는 것이 좋아요. 객실에서 프런트에 전화할 때는 니 하오!(你好! Ní hǎo!)로 시작합니다.

(프런트에 전화하여) 여보세요? 여기 510호인데요.
你好, 这里是510房间。
니 하오, 쩌리 슬 우 야오 링 팡찌엔
Ní hǎo, zhèlǐ shì wǔ yāo líng fángjiān.

제 방에 문제가 있어요.
我的房间有问题。 워 더 팡찌엔 요 원티
Wǒ de fángjiān yǒu wèntí.

- ☑ 전등 light 灯 dēng 떵
- ☑ 에어컨 air conditioner(AC) 空调 kōngtiáo 콩티아오
- ☑ 히터 heater 暖气 nuǎnqì 놘치
- ☑ 냉장고 fridge 冰箱 bīngxiāng 빙샹
- ☑ 변기 toilet 马桶 mǎtǒng 마통
- ☑ 샤워기 shower 热水器 rè shuǐ qì 르어 쉐이 치
- ☑ 전기 콘센트 outlet 插座 chāzuò 차쭈어
- ☑ 리모콘 remote control 遥控器 yáokòngqì 야오콩치
- ☑ 금고 safe 保险箱 bǎoxiǎn xiāng 바오시엔 샹
- ☑ 침대 bed 床 chuáng 촹
- ☑ 침대 시트 bed sheet 床单 chuángdān 촹딴
- ☑ 방 키카드 key card 房卡 fáng kǎ 팡 카

전등이 나갔어요.

灯坏了。 떵 화이 러

Dēng huài le.

방이 추워요.

我的房间太冷了。 워 더 팡찌엔 타이 렁 러

Wǒ de fángjiān tài lěng le.

히터가 고장 났어요.
暖气坏了。 놘치 화이 러
Nuǎnqì huài le.

히터 좀 확인해 주시겠어요?
能检查一下我的暖气吗?
넝 지엔차 이시아 워 더 놘치 마?
Néng jiǎnchá yíxià wǒ de nuǎnqì ma?

히터 사용법을 알려주시겠어요?
能教我用一下暖气吗?
넝 찌아오 워 용 이시아 놘치 마?
Néng jiāo wǒ yòng yíxià nuǎnqì ma?

TV가 안 켜져요.
电视坏了。 띠엔슬 화이 러
Diànshi huài le.

TV 리모콘을 못 찾겠어요.
我找不到遥控器。 워 자오부따오 야오콩치
Wó zhǎobudào yáokòngqì.

콘센트가 부족해요.
插座不够。 차쭈어 부 꺼우
Chāzuò bú gòu.

뜨거운 물이 안 나와요.
没有热水。 메이요 르어 쉐이
Méiyǒu rè shuǐ.

변기의 물이 안 내려가요.
马桶堵了。 마통 두 러
Mǎtǒng dǔ le.

방 청소가 아직 안 됐어요.
房间还没有打扫。
팡찌엔 하이 메이요 다사오
Fángjiān hái méiyǒu dǎsǎo.

침대가 더러워요.
床很脏。 촹 헌 짱
Chuáng hěn zāng.

제 침대 시트 좀 바꿔 주시겠어요?
能换一下床单吗? 넝 환 이시아 촹딴 마?
Néng huàn yíxià chuángdān ma?

지금 바꿔 주시겠어요?
能现在换吗? 넝 씨엔짜이 환 마?
Néng xiànzài huàn ma?

지금 고쳐 주시겠어요?
能现在修吗? 넝 씨엔짜이 시우 마?
Néng xiànzài xiū ma?

지금 직원을 보내주시겠어요?
能现在派一名职员过来吗?
넝 씨엔짜이 파이 이 밍 즐위엔 꾸어라이 마?
Néng xiànzài pài yì míng zhíyuán guòlai ma?

옆방이 너무 시끄러워요.
旁边的房间太吵了。
팡삐엔 더 팡찌엔 타이 차오 러
Pángbiān de fángjiān tài chǎo le.

방을 바꿔 주시겠어요?
能换房间吗? 넝 환 팡찌엔 마?
Néng huàn fángjiān ma?

(안에 열쇠가 있는데) 방문이 잠겼어요.
我忘了带房卡。 워 왕 러 따이 팡 카
Wǒ wàng le dài fáng kǎ.

(문이 잠겼을 때) 문 좀 열어 주시겠어요?
能帮我开门吗? 넝 빵 워 카이먼 마?
Néng bāng wǒ kāimén ma?

제 방 열쇠를 잃어버렸어요.
我的房卡丢了。 워 더 팡 카 띠우 러
Wǒ de fáng kǎ diū le.

체크아웃하기

체크아웃 시간은 지키는 게 좋지만 추가 요금을 내고 늦은 퇴실(晚退房 wǎn tuìfáng 완 퉤이팡)을 요청한다면 문제없어요. 짐을 맡기고 싶다면 프런트에 요청할 수 있어요. 체크인할 때 보증금을 냈다면 돌려받는 것도 잊지 말고요. 미니바가 갖춰진 방에 묵었다면 미니바 사용 유무를 묻기도 해요. 정산할 게 있다면 영수증을 충분히 살펴본 후에 결제하세요.

- ☑ 체크아웃 check-out 退房 tuìfáng 퉤이팡
- ☑ 보증금 deposit 押金 yājīn 야찐

직원

- 머무시는 동안 즐거운 시간이 되셨기를 바랍니다.
  I hope you had an enjoyable stay.
  ➊ 我希望您住得开心。 Wǒ xīwàng nín zhù de kāixīn.
- 어떻게 결제하시겠습니까? How would you like to pay?
  ➊ 您想怎么付钱? Nín xiǎng zěnme fù qián?

체크아웃할게요.

我要退房。 워 야오 퉤이팡

Wǒ yào tuìfáng.

여기 방 키카드요.

这是房卡。 쩌슬팡카

Zhè shì fáng kǎ.

(이곳에) 머무는 동안 즐거웠어요.

在这里住得很开心。 짜이 쩌리 쭈 더 헌 카이씬

Zài zhèlǐ zhù de hěn kāixīn.

제 보증금 돌려주세요.

请退给我押金。 칭 퉤이 게이 워 야찐

Qǐng tuì gěi wǒ yājīn.

제가 내야 하는 금액이 얼마인가요?

我要付多少钱? 워 야오 푸 뚜어샤오 치엔?

Wǒ yào fù duōshao qián?

청구서를 보여 주시겠어요?

能给我看一下单子吗?

넝 게이 워 칸 이시아 딴쯔 마?

Néng gěi wǒ kàn yíxià dānzi ma?

이 요금은 뭔가요?

这个钱是什么? 쩌거 치엔 슬 션머?

Zhège qián shì shénme?

(청구서를) 다시 확인해 주시겠어요?

能再查一下吗? 넝 짜이 차 이시아 마?

Néng zài chá yíxià ma?

(체크아웃 후) 짐 좀 보관해 주시겠어요?

可以存一下行李吗? 커이 춘 이시아 싱리 마?

Kéyǐ cún yíxià xíngli ma?

(짐을 찾으러) 2시경에 돌아올게요.

我2点左右会回来。 워 량 디엔 주워요 훼이 훼이라이

Wǒ liáng diǎn zuǒyòu huì huílai.

늦게 체크아웃할 수 있을까요?

我能晚点儿退房吗? 워 넝 완 디얼 퉤이팡 마?

Wǒ néng wǎn diǎnr tuìfáng ma?

1시간 늦게 체크아웃해도 될까요?
我晚一小时退房可以吗？
워 완 이 시아오슬 퉤이팡 커이 마?
Wó wǎn yì xiǎoshí tuìfáng kéyǐ ma?

하루 더 숙박하고 싶어요.
我想再住一天。 워 샹 짜이 쭈 이 티엔
Wó xiǎng zài zhù yì tiān.

하루 일찍 체크아웃하고 싶어요.
我想提前一天退房。 워 샹 티치엔 이 티엔 퉤이팡
Wó xiǎng tíqián yì tiān tuìfáng.

한국 음식점 Korean restaurant	패스트푸드점 fast-food joint
韩国餐厅	**快餐店**
hánguó cāntīng	kuàicān diàn
한구어 찬팅	콰이찬 띠엔

커피전문점 coffee shop	뷔페 buffet
咖啡厅	**自助餐**
kāfēitīng	zìzhù cān
카페이팅	쯔쭈 찬

자리 table	메뉴(판) menu
座位	**菜单**
zuòwèi	càidān
쭈어웨이	차이딴

주문하다 order	계산서 check
点菜	**账单**
diǎn cài	zhàngdān
디엔 차이	짱딴

식당

식당에서 자리 잡기
음식 주문하기
식당 예약하기
요리 방법 요청하기
추가 요청하기
불만 표현하기
음식값 계산하기
패스트푸드와 커피

원어민 음성

식당에서 자리 잡기

여행 앱에서 평점이 좋은 식당을 찾아가는 즐거움! 길을 걷다가 즉흥적으로 마음에 드는 식당에 들어가보는 것도 여행의 묘미예요. 현지인이 아니다 보니 그곳의 식문화가 생소할 수 있지만, 여행을 해야만 접할 수 있는 낯선 음식에 한번 도전해 보세요. 식당에 들어가면 마음대로 자리를 골라 앉기보다는 직원을 기다려서 안내를 받고, 원하는 자리가 있다면 정중하게 요청해 보세요.

안내 문구

- 주문하는 곳 Order Here
  - 点餐 diǎn cān
- 음식 나오는 곳 Pick Up Food
  - 取餐 qǔ cān

직원

- 여기서 드시겠습니까, 가져가시겠습니까? For here or to go?
  - 在这儿吃还是打包带走? Zài zhèr chī háishi dǎbāo dàizǒu?
- 일행이 몇 분이십니까? How many in your party?
  - 请问, 您几位? Qǐngwèn, nín jǐ wèi?

- ☑ 자리 table 座位 zuòwèi 쭈어웨이
- ☑ 실내 inside 室内 shì nèi 슬 네이
- ☑ 야외 outside 室外 shìwài 슬와이
- ☑ 위층 upstairs 楼上 lóushàng 로우샹
- ☑ 아래층 downstairs 楼下 lóuxià 로우시아
- ☑ 금연 구역 non-smoking section
  无烟区 wú yān qū 우 옌 취
- ☑ 흡연 구역 smoking section 吸烟区 xīyān qū 씨옌 취

(직원에게) 자리 있나요?
有座位吗? 요 쭈어웨이 마?
Yǒu zuòwèi ma?

2명 자리 있나요?
有两个人的座位吗? 요 량 거 런 더 쭈어웨이 마?
Yǒu liǎng ge rén de zuòwèi ma?

(일행이) 두 명이요.
两位。 량 웨이
Liǎng wèi.

창가 자리로 주세요.
我要一个靠窗的座位。
워 야오 이 거 카오 촹 더 쭈어웨이
Wǒ yào yí ge kào chuāng de zuòwèi.

조용한 자리로 주세요.
我要一个安静的座位。
워 야오 이 거 안찡 더 쭈어웨이
Wǒ yào yí ge ānjìng de zuòwèi.

(자리가 마음에 안 들 때) 자리를 바꿔도 될까요?
能换个座位吗? 넝 환 거 쭈어웨이 마?
Néng huàn ge zuòwèi ma?

(웨이팅이 있을 때) 얼마나 기다려야 하나요?
要等多长时间? 야오 덩 뚜어창 슬찌엔?
Yào děng duōcháng shíjiān?

기다릴게요.
我可以等。 워 커이 덩
Wǒ kéyǐ děng.

여기에서 먹을 거예요.

在这儿吃。 짜이 쩔 츨

Zài zhèr chī.

(음식을) 가져갈 거예요.

打包带走。 다빠오 따이저우

dǎbāo dàizǒu.

(음식을 가리키며) 가져갈 수 있나요?

能打包吗? 넝 다빠오 마?

Néng dǎbāo ma?

음식 주문하기

여행의 꽃은 현지 음식을 맛보는 것! 현지 음식에 대해 미리 찾아 본다면 메뉴판을 보는 데 오랜 시간을 들이지 않겠죠. 하지만 생소한 언어로 된 메뉴판에서 원하는 것을 주문하기란 쉽지 않은 일이에요. 그럴 때는 식당의 대표 음식을 달라고 하거나, 옆에 앉은 현지인이 먹는 걸 시켜보는 게 어떨까요? 요즘에는 번역 앱이 상당히 발달했기 때문에 휴대폰으로 메뉴판을 찍으면 무슨 요리인지, 어떤 재료가 들어가는지 어느 정도는 알 수 있어요.

- ☑ 메뉴(판) menu 菜单 càidān 차이딴
- ☑ 오늘의 메뉴 today's special
  今日特别菜单 jīnrì tèbié càidān 찐르 터비에 차이딴
- ☑ 점심 특선 lunch special
  午餐精选 wǔcān jīngxuǎn 우찬 찡쉔
- ☑ 추천 recommendation 推荐 tuījiàn 퉤이찌엔

메뉴판 주세요.
请给我菜单。 칭 게이 워 차이딴
Qǐng géi wǒ càidān.

한국어나 영어로 된 메뉴판이 있나요?
有韩语或英语菜单吗?
요 한위 후어 잉위 차이딴 마?
Yǒu hányǔ huò yīngyǔ càidān ma?

점심 특선 메뉴가 있나요?
有午餐精选菜单吗? 요 우찬 찡쉔 차이딴 마?
Yǒu wǔcān jīngxuǎn càidān ma?

저녁식사로 괜찮은 요리가 뭔가요?
晚餐有不错的菜吗? 완찬 요 부추어 더 차이 마?
Wǎncān yǒu búcuò de cài ma?

여기는 어떤 음식을 잘하나요?
这里什么好吃? 쩌리 션머 하오츨?
Zhèlǐ shénme hǎochī?

추천 요리가 있나요?
有什么值得推荐的吗?
요 션머 즐 더 퉤이찌엔 더 마?
Yǒu shénme zhí dé tuījiàn de ma?

이 음식에는 뭐가 들어 있나요?
这是用什么做的? 쩌 슬 용 션머 쭈어 더?
Zhè shì yòng shénme zuò de?

(옆에 앉은 현지인에게) 그 음식은 어떤가요?
那个菜怎么样? 나 거 차이 쩐머양?
Nà ge cài zěnmeyàng?

직원

- 주문하시겠습니까? Are you ready to order?
  ◐ 您要点菜吗? Nín yào diǎn cài ma?

잠시만 기다려주세요.
请等一下。 칭 덩 이시아
Qǐng děng yíxià.

(주문할) 준비가 되면 부를게요.
点菜的时候我叫你。
디엔 차이 더 슬허우 워 찌아오 니
Diǎn cài de shíhou wǒ jiào nǐ.

주문할게요.
你好，点菜。 니 하오, 디엔 차이
Nǐ hǎo, diǎn cài.

(메뉴판의 음식을 가리키며) 이걸로 주세요.
请给我这个。 칭 게이 워 쩌거
Qǐng gěi wǒ zhège.

(같은 음식을 주문할 때) 같은 걸로 할게요.
我也一样。 워 예 이양
Wǒ yě yíyàng.

채식 메뉴가 있나요?
这有素食菜单吗? 쩌 요 쑤슬 차이딴 마?
Zhè yǒu sùshí càidān ma?

주문을 바꿔도 될까요?
我能改一下我的菜单吗?
워 넝 가이 이시아 워 더 차이딴 마?
Wǒ néng gǎi yíxià wǒ de càidān ma?

(음료를 주문할 때) 콜라 있나요?
有可乐吗? 요 커러 마?
Yǒu kělè ma?

맥주 있나요?
有啤酒吗? 요 피지우 마?
Yǒu píjiǔ ma?

육류

☑ 소고기 beef **牛肉** niúròu 니우로우

☑ 돼지고기 pork **猪肉** zhūròu 쭈로우

☑ 양고기 mutton **羊肉** yángròu 양로우

☑ 어린 양고기 lamb **羔羊肉** gāoyángròu 까오양로우

- ☑ 닭 chicken 鸡肉 jīròu 찌로우
- ☑ 오리 duck 鸭肉 yāròu 야로우
- ☑ 개고기 dog meat 狗肉 gǒuròu 거우로우

해산물
- ☑ 새우 shrimp 虾 xiā 시아
- ☑ 게 crab 螃蟹 pángxiè 팡씨에
- ☑ 조개 clams 蛤蜊 gélì 거리
- ☑ 굴 oyster 生蚝 shēngháo 셩하오
- ☑ 물고기 fish 鱼 yú 위
- ☑ 갈치 hairtail 带鱼 dàiyú 따이위
- ☑ 참치 tuna 金枪鱼 jīnqiāngyú 찐치앙위
- ☑ 오징어 squid 鱿鱼 yóuyú 요위

야채
- ☑ 공심채 空心菜 kōngxīncài 콩씬차이
- ☑ 양배추 cabbage 卷心菜 juǎnxīncài 줸씬차이
- ☑ 고수 coriander 香菜 xiāngcài 샹차이
- ☑ 고추 chili 辣椒 làjiāo 라찌아오
- ☑ 팽이버섯 enoki mushroom 金针菇 jīnzhēngū 찐쩐꾸
- ☑ 가지 eggplant 茄子 qiézi 치에쯔
- ☑ 토마토 tomato 西红柿 xīhóngshì 시훙슬
- ☑ 감자 potato 土豆 tǔdòu 투떠우
- ☑ 양파 onion 洋葱 yángcōng 양총

기타 음식

- ☑ 만두 饺子 jiǎozi 지아오쯔
- ☑ 베이징 오리구이
  北京烤鸭 Běijīng kǎoyā 베이찡 카오야
- ☑ 꼬치 구이 烤串 kǎochuàn 카오촨
- ☑ 마라탕 麻辣烫 málà tàng 마라 탕
- ☑ 마라샹궈 麻辣香锅 málà xiāngguō 마라 샹궈
- ☑ 샤브샤브 火锅 huǒguō 후워궈

음료

- ☑ 물 water 水 shuǐ 쉐이
- ☑ 녹차 green tea 绿茶 lǜchá 뤼차
- ☑ 홍차 black tea 红茶 hóngchá 홍차
- ☑ 보리차 barley tea 大麦茶 dàmài chá 따마이 차
- ☑ 콜라 Coke 可乐 kělè 커러
- ☑ 사이다 Sprite 雪碧 xuěbì 쉬에삐
- ☑ 커피 coffee 咖啡 kāfēi 카페이
- ☑ 맥주 beer 啤酒 píjiǔ 피지우
- ☑ 오렌지주스 orange juice 橙汁 chéng zhī 청 쯜
- ☑ 사과주스 apple juice 苹果汁 píngguǒ zhī 핑꾸어 쯜
- ☑ 배주스 pear juice 梨汁 lí zhī 리 쯜

식당 예약하기

인기 있는 식당은 무작정 웨이팅을 하기보다는 예약(预约 yùyuē 위위에)을 해 보는 게 어떨까요? 식사 인원과 시간, 예약자 이름, 연락처를 알려줘야 하고, 식당에 따라서는 미리 메뉴를 정해야 할 수도 있어요.

- ☑ 아침 겸 점심 brunch **早午饭** zǎowǔfàn 자오우판
- ☑ 점심식사 lunch **午饭** wǔfàn 우판
- ☑ 저녁식사 supper **晚饭** wǎnfàn 완판
- ☑ 저녁 만찬 dinner **晚餐** wǎncān 완찬
- ☑ 간식 snack **零食** língshí 링슬

(식당이) 몇 시에 문을 여나요?
几点开门? 지 디엔 카이먼?
Jí diǎn kāimén?

언제 문을 닫나요?
几点关门? 지 디엔 꽌먼?
Jí diǎn guānmén?

예약해야 하나요?
要预约吗? 야오 위위에 마?
Yào yùyuē ma?

두 사람 자리를 예약하고 싶어요.
我想订两个人的座位。
워 샹 띵 량 거 런 더 쭈어웨이
Wǒ xiǎng dìng liǎng ge rén de zuòwèi.

(예약 시간을 묻는 말에) 오늘 저녁 7시요.
晚上7点。 완샹 치 디엔
Wǎnshang qī diǎn.

제 이름은 오한나예요.
我的名字是吴汉娜。 워 더 밍쯔 슬 우한나
Wǒ de míngzi shì Wú hànnà.

음식을 미리 주문해야 하나요?
我要提前点菜吗? 워 야오 티치엔 디엔 차이 마?
Wǒ yào tíqián diǎn cài ma?

메뉴판 좀 볼게요.
请给我看一下菜单。 칭 게이 워 칸 이시아 차이딴
Qǐng gěi wǒ kàn yíxià càidān.

제 예약을 취소하고 싶어요.

我想取消预约。 워 샹 취샤오 위위에

Wǒ xiǎng qǔxiāo yùyuē.

제 예약을 변경하고 싶어요.

我想改一下预约。 워 샹 가이 이시아 위위에

Wǒ xiǎng gǎi yíxià yùyuē.

요리 방법 요청하기

스테이크를 골랐다면 구운 정도를 선택할 수 있어요. 중국인들은 생고기를 거의 먹지 않기 때문에 중국에서 스테이크를 먹고 싶다면 얼마나 익혀서 먹고 싶은지 얘기할 수 있어요. 특정 재료에 알레르기(过敏 guòmǐn 꾸어민)가 있다면 미리 빼 달라고 요청해요.

스테이크의 구운 정도

☑ 날것인 rare **生的** shēng de 셩 더

☑ 적당히 날것인 medium rare

　三分熟 sān fēn shú 싼 펀 슈

☑ 중간 정도 익힌 medium **五分熟** wǔ fēn shú 우 펀 슈

☑ 적당히 익힌 medium well-done

　七分熟 qī fēn shú 치 펀 슈

☑ 완전히 익힌 well-done **全熟** quán shú 첸 슈

조리 방법

- ☑ 그릴에 구운 grilled
  用烤架烤 yòng kǎojià kǎo 용 카오찌아 카오
- ☑ 오븐에 구운 baked
  用烤箱烤 yòng kǎoxiāng kǎo 용 카오샹 카오
- ☑ 튀긴 fryed **炸** zhá 자
- ☑ 찐 steamed **蒸** zhēng 쩡
- ☑ 삶은 boiled **煮** zhǔ 주
- ☑ 튀긴 fried **煎** jiān 지엔
- ☑ 끓인 stewed **炖** dùn 뚠

맛 표현

- ☑ 매운 spicy **辣** là 라
- ☑ 신 sour **酸** suān 쏸
- ☑ 단 sweet **甜** tián 티엔
- ☑ 짠 salty **咸** xián 시엔

중국 요리의 매운 등급

- ☑ 안 매움 **不辣** bú là 부 라
- ☑ 약간 매움 **微辣** wēi là 웨이 라
- ☑ 매움 **中辣** zhōng là 쭝 라
- ☑ 아주 매움 **特辣** tè là 터 라

직원

- 스테이크를 어떻게 요리해드릴까요? How would you like your steak?
- 牛排要几分熟? Niúpái yào jǐ fēn shú?

(스테이크) 중간으로 익혀 주세요.

五分熟, 谢谢。 우 펀 슈, 씨에씨에

Wǔ fēn shú, xièxie.

(계란프라이) 스크램블로 해 주세요.

我要煎蛋, 谢谢。 워 야오 찌엔 딴, 씨에씨에

Wǒ yào jiān dàn, xièxie.

저는 매운 음식을 못 먹어요.

我不能吃辣。 워 뿌 넝 츨 라

Wǒ bù néng chī là.

너무 맵지 않게 해 주세요.

不要太辣, 谢谢。 부 야오 타이 라, 씨에씨에

Bú yào tài là, xièxie.

너무 짜지 않게 해 주세요.

不要太咸, 谢谢。 부 야오 타이 시엔, 씨에씨에

Bú yào tài xián, xièxie.

후추는 빼 주세요.

不要胡椒, 谢谢。 부 야오 후찌아오, 씨에씨에

Bú yào hújiāo, xièxie.

제가 새우에 알레르기가 있어요.

我对虾过敏。 워 뛔이 시아 꾸어민

Wǒ duì xiā guòmǐn.

추가 요청하기

젓가락, 접시 등 식당에 기본으로 세팅되어 있는 것 외에도 필요하다면 추가로 요청해야죠. 실수로 젓가락을 바닥에 떨어뜨렸다거나, 받은 물잔이 더럽다면 새것으로 달라고 말해야 하고요. 또 물이나 양념이 부족하다면 더 달라고 말해 보세요.

- ☑ 냅킨 napkin **餐巾纸** cānjīnzhǐ 찬찐즐
- ☑ 접시 plate **盘子** pánzi 판쯔
- ☑ 그릇 bowl **碗** wǎn 완
- ☑ 젓가락 chopsticks **筷子** kuàizi 콰이쯔
- ☑ 숟가락 spoon **勺子** sháozi 샤오쯔
- ☑ 포크 fork **叉子** chāzi 차쯔
- ☑ 칼 knife **刀** dāo 따오
- ☑ 컵 cup **杯子** bēizi 뻬이쯔

- ☑ 소금 salt **盐** yán 옌
- ☑ 후추 pepper **胡椒** hújiāo 후찌아오
- ☑ 소스 sauce **酱** jiàng 찌앙
- ☑ 리필 refill **续杯** xù bēi 쉬 뻬이
- ☑ 포장하다 wrap up **打包** dǎbāo 다빠오

(냅킨이 없을 때) 냅킨 좀 주세요.

请给我一点儿餐巾纸。 칭 게이 워 이디얼 찬찐즐

Qǐng gěi wǒ yìdiǎnr cānjīnzhǐ.

(앞접시가 필요할 때) 접시 하나 더 주세요.

请再给我一个盘子。 칭 짜이 게이 워 이 거 판쯔

Qǐng zài gěi wǒ yí ge pánzi.

(필요한 것을 가리키며) 이것 좀 더 주시겠어요?

能再给我一点儿这个吗?

넝 짜이 게이 워 이디얼 쩌거 마?

Néng zài gěi wǒ yìdiǎnr zhège ma?

포크 좀 주시겠어요?

能给我一个叉子吗? 넝 게이 워 이 거 차쯔 마?

Néng gěi wǒ yí ge chāzi ma?

컵에 얼룩이 있어요.
杯子上有污渍。 뻬이즈 샹 요 우쯔
Bēizi shàng yǒu wūzì.

새것으로 주시겠어요?
我能要一个新的吗? 워 넝 야오 이 거 씬 더 마?
Wǒ néng yào yí ge xīn de ma?

(빈 잔을 가리키며) 리필 좀 해 주세요.
请帮我续杯。 칭 빵 워 쉬 뻬이
Qǐng bāng wǒ xù bēi.

(음식이 싱겁다면) 소금과 후추 좀 주세요.
请给我盐和胡椒粉。
칭 게이 워 옌 허 후찌아오 펀
Qǐng gěi wǒ yán hé hújiāo fěn.

(시원한 물이 필요할 때) 얼음물 좀 주시겠어요?
请给我冰水。 칭 게이 워 삥 쉐이
Qǐng gěi wǒ bīng shuǐ.

(식당이 더울 때) 에어컨 좀 틀어 주실래요?
能开空调吗? 넝 카이 콩티아오 마?
Néng kāi kōngtiáo ma?

(의자가 부족할 때) 이 의자 써도 되나요?
能用这把椅子吗? 넝 용 쩌 바 이쯔 마?
Néng yòng zhè bǎ yǐzi ma?

(옆 테이블 사람에게) 이 의자 쓰세요?
请问, 您用这把椅子吗?

칭원, 닌 용 쩌 바 이쯔 마?
Qǐngwèn, nín yòng zhè bǎ yǐzi ma?

(남은 음식을) 포장할 수 있을까요?
能打包吗? 넝 다빠오 마?
Néng dǎbāo ma?

불만 표현하기

우리나라 식당에서도 겪을 수 있는 황당한 일을 외국에서 겪지 않으리라는 보장은 없어요. 의사소통에 자신이 없다고 그냥 넘어가지 말고, 간단하지만 적절한 말로 표현해 주세요. 좋지 않은 상황일수록 여유를 가지고, 뿌 하오이쓰로 말문을 떼세요.

(테이블이 더러울 때) 테이블 좀 닦아 주시겠어요?
能帮我擦下桌子吗? 넝 빵 워 차 시아 쭈어쯔 마?
Néng bāng wǒ cā xià zhuōzi ma?

(음식이 잘못 나왔을 때) 제가 주문한 게 아니에요.
我没点这个。 워 메이 디엔 쩌거
Wǒ méi diǎn zhège.

(음식이 안 나올 때) 음식이 아직 안 나왔어요.
我点的菜还没上。 워 디엔 더 차이 하이 메이 샹
Wó diǎn de cài hái méi shàng.

음료가 아직 안 나왔어요.
饮料还没上。 인랴오 하이 메이 샹
Yǐnliào hái méi shàng.

> ☑ 식은 cold 冰的 bīng de 삥 더
> ☑ 덜 익은 undercooked 不熟 bù shú 뿌 슈
> ☑ 탄 burnt 糊了 hú le 후 러

음식이 식었어요.
菜凉了。 차이 량 러
Cài liáng le.

음식이 약간 덜 익은 것 같아요.
我觉得不太熟。 워 쥐에더 부 타이 슈
Wǒ juéde bú tài shú.

(덜 익거나 식은 음식을) 데워 주시겠어요?
能帮我加热一下吗? 넝 빵 워 찌아르어 이시아 마?
Néng bāng wǒ jiārè yíxià ma?

음식이 너무 짜요.
太咸了。 타이 시엔 러
Tài xián le.

음식이 너무 매워요.
太辣了。 타이 라 러
Tài là le.

음식이 탔어요.
菜糊了。 차이 후 러
Cài hú le.

새 음식으로 주시겠어요?
能给我新的吗? 넝 게이 워 씬 더 마?
Néng gěi wǒ xīn de ma?

음식에서 뭐가 나왔어요.
菜里有别的东西。 차이 리 요 비에 더 똥시
Cài lǐ yǒu bié de dōngxi.

음식이 상한 것 같아요.
我觉得这个菜坏了。 워 쥐에더 쩌거 차이 화이 러
Wǒ juéde zhège cài huài le.

음식에서 이상한 냄새가 나요.
味道不太好。 웨이따오 부 타이 하오
Wèidao bú tài hǎo.

매니저를 불러 주세요.
请叫一下餐厅经理。 칭 찌아오 이시아 찬팅 찡리
Qǐng jiào yíxià cāntīng jīnglǐ.

음식값 계산하기

음식을 다 먹은 후에 계산서를 요청해서 자리에서 계산할 수도 있고, 미리 받아 둔 계산서를 들고 직접 카운터에 가서 계산할 수도 있어요.

- ☑ 계산서 bill/check 结账单 jiézhàng dān 지에짱 딴
- ☑ 개별 계산서 separate check
    个别账单 gèbié zhàngdān 꺼비에 짱딴
- ☑ 부가가치세 VAT 附加税 fùjiā shuì 푸찌아 쉐이
- ☑ 현금 cash 现金 xiàn jīn 씨엔찐
- ☑ 신용카드 credit card 信用卡 xìnyòngkǎ 씬용카
- ☑ 거스름돈 change 零钱 língqián 링치엔
- ☑ 영수증 receipt 收据 shōujù 셔우쮜
- ☑ 쿠폰 coupon 优惠券 yōuhuìquàn 요훼이췐

(음식을) 다 먹었어요.
我吃完了。 워 츨완 러
Wǒ chīwán le.

계산할게요.

买单，谢谢。 마이딴, 씨에씨에
Mǎidān, xièxie.

어디에서 계산하죠?

在哪儿买单？ 짜이 날 마이딴?
Zài nǎr mǎidān?

전부 얼마인가요?

一共多少钱？ 이꽁 뚜어샤오 치엔?
Yígòng duōshǎo qián?

각자 계산해 주세요.

请分开结账。 칭 펀카이 지에짱
Qǐng fēnkāi jiézhàng.

직원

- (지불을) 현금으로 하시겠습니까, 카드로 하시겠습니까? Cash or card?
  - 现金还是刷卡？ Xiànjīn háishi shuākǎ?
- 카드를 읽혀주세요. Swipe your card.
  - 请刷卡。 Qǐng shuākǎ.

현금으로 계산할게요.
我付现金。 워 푸 씨엔찐
Wǒ fù xiànjīn.

카드로 계산할게요.
我刷卡。 워 슈아카
Wǒ shuākǎ.

이 쿠폰 쓸 수 있나요?
这个优惠券可以用吗?
쩌거 요훼이췐 커이 용 마?
Zhège yōuhuìquàn kéyǐ yòng ma?

(지폐를 내며) 잔돈으로 바꿔 주시겠어요?
能帮我换一下零钱吗?
넝 빵 워 환 이시아 링치엔 마?
Néng bāng wǒ huàn yíxià língqián ma?

거스름돈이 틀려요.
找错钱了。 자오추어 치엔 러
Zhǎocuò qián le.

영수증 주세요.
请给我收据。 칭 게이 워 셔우쮜

Qǐng gěi wǒ shōujù.

(금액이 맞지 않을 때) 계산이 잘못된 것 같아요.
我觉得账单有问题。 워 쥐에더 쨩딴 요 원티

Wǒ juéde zhàngdān yǒu wèntí.

다시 확인해 주세요.
请再检查一下。 칭 짜이 지엔차 이시아

Qǐng zài jiǎnchá yíxia.

(계산서에서) 이 금액은 뭔가요?
这个是什么钱? 쩌거 슬 션머 치엔?

Zhège shì shénme qián?

이건 주문하지 않았어요.
我没点这个。 워 메이 디엔 쩌거

Wǒ méi diǎn zhège.

(잘못된 카드결제에 대해) 결제가 취소되었나요?
结账被取消了吗? 지에쨩 뻬이 취샤오 러 마?

Jiézhàng bèi qǔxiāo le ma?

패스트푸드와 커피

세계 곳곳에 있는 유명 프랜차이즈! 각 도시의 특색을 살린 메뉴를 내놓기도 하니, 맛볼 기회가 있다면 한번 먹어 보는 것도 색다른 재미예요. 중국인들은 다양한 이름을 중국어로 번역하는 것을 좋아하기 때문에, 영어로 된 브랜드 이름을 사용하는 것보다는 중국식 브랜드 이름을 알면 훨씬 대화가 잘 통해요.

프랜차이즈 이름

- ☑ 케이에프씨 KFC 肯德基 Kěndéjī 컨더찌
- ☑ 맥도날드 McDonald 麦当劳 Màidāngláo 마이땅라오
- ☑ 버거킹 Burger King 汉堡王 Hànbǎowáng 한바오왕
- ☑ 피자헛 Pizza Hut 必胜客 Bìshèngkè 삐셩커
- ☑ 스타벅스 Starbucks 星巴克 Xīngbākè 싱바커
- ☑ 카페베네 Caffebene
  咖啡陪你 Kāfēi péinǐ 카페이 페이니

근처에 버커킹이 있나요?

附近有汉堡王吗? 푸찐 요 한바오왕 마?
Fùjìn yǒu Hànbǎowáng ma?

근처에 있는 스타벅스를 찾고 있어요.

我在找附近的星巴克。 워 짜이 자오 푸찐 더 싱바커
Wǒ zài zhǎo fùjìn de Xīngbākè.

직원

- 어떤 걸 드릴까요? What can I get for you?
  - 请问,要什么? Qǐngwèn, yào shénme?
- 음료는 무엇으로 드릴까요? What would you like to drink?
  - 请问,要喝什么? Qǐngwèn, yào hē shénme?
- 어떤 사이즈로 드릴까요? What size would you like?
  - (음식) 要多大的? Yào duō dà de?
  - (음료) 要中杯、大杯还是小杯?
    Yào zhōng bēi, dà bēi háishi xiǎo bēi?
- 더 필요한 건 없으세요? Anything else?/Would that be all?
  - 还要别的吗? Hái yào bié de ma?
- 여기서 드실 건가요, 가지고 가실 건가요? For here or to go?
  - 在这儿吃还是带走? Zài zhèr chī háishi dàizǒu?

(세트를 주문할 때) 3번 세트 하나 주세요.

请给我三号套餐。 칭 게이 워 싼 하오 타오찬

Qǐng géi wǒ sān hào tàocān.

콜라 주세요.

我要可乐。 워 야오 커러

Wǒ yào kělè.

가져갈 거예요.

打包带走。 다빠오 따이저우

Dǎbāo dàizǒu.

매장 안에서 먹을 거예요.

(음식) **在这儿吃。** 짜이 쩔 츨
Zài zhèr chī.

(음료) **在这儿喝。** 짜이 쩔 허
Zài zhèr hē.

(음료의 컵 사이즈를 선택할 때) 큰 사이즈로 주세요.

我要大杯。 워 야오 따 뻬이
Wǒ yào dà bēi.

아이스 아메리카노 한 잔 주세요.

我要一杯冰美式。 워 야오 이 뻬이 삥 메이슬
Wǒ yào yì bēi bīng měishì.

톨 사이즈로 주세요.

我要小杯。 워 야오 샤오 뻬이
Wǒ yào xiǎo bēi.

샷 추가해 주세요.

请再给我一杯。 칭 짜이 게이 워 이 뻬이
Qǐng zài gěi wǒ yì bēi.

얼음 더 주세요.

多冰, 谢谢. 뚜어 삥, 씨에씨에

Duō bīng, xièxie.

커피 종류

- ☑ 아메리카노 Americano
  美式咖啡 měishì kāfēi 메이슬 카페이
- ☑ 카페라떼 caffe latte 拿铁 nátiě 나티에
- ☑ 카푸치노 cappuccino 卡布奇诺 kǎbùqínuò 카뿌치누어
- ☑ 카페모카 caffe mocha 摩卡 mókǎ 모어카
- ☑ 카라멜 마끼아또 carmel macchiato
  焦糖玛奇朵 jiāotáng mǎqíduǒ 찌아오탕 마치뚜어

음료 사이즈

- ☑ 특대 잔 venti 特大杯 tè dà bēi 터 따 뻬이
- ☑ 큰 잔 grande 大杯 dà bēi 따 뻬이
- ☑ 작은 잔 tall 小杯 xiǎo bēi 샤오 뻬이
- ☑ 더 작은 잔 short 最小杯 zuì xiǎo bēi 쮀이 샤오 뻬이
- ☑ 큰 컵 large 大杯 dà bēi 따 뻬이
- ☑ 중간 컵 medium 中杯 zhōng bēi 쭝 뻬이
- ☑ 작은 컵 small 小杯 xiǎo bēi 샤오 뻬이

관광 정보 tour information	박물관 museum
旅游信息	**博物馆**
lǚyóu xìnxī	bówùguǎn
뤼요 씬씨	보우관

미술관 art museum	극장 theater
美术馆	**剧院**
měishùguǎn	jùyuàn
메이슈관	쮜위엔

화랑 gallery	성 castle
画廊	**城**
huàláng	chéng
화랑	청

절 temple	동굴 cave
寺庙	**洞窟**
sìmiào	dòngkū
쓰미아오	똥쿠

폭포 waterfall	공원 park
瀑布	**公园**
pùbù	gōngyuán
푸뿌	꽁위엔

관광

관광안내소
길 물어보기
전시/공연 관람
관람 에티켓
사진 촬영 에티켓

원어민 음성

관광안내소

관광 정보를 얻을 수 있는 곳은 많아요. 인터넷의 정보를 찾아볼 수도 있고, 한국에서 산 여행책을 챙겨 갈 수도 있어요. 현지인의 추천을 받을 수도 있죠. 큰 도시에서는 관광객들을 위해 관광안내소를 운영해요. 그곳에서 무료로 관광 정보를 얻을 수 있어요. 국가에서 운영해서 안전하고 믿을 만한 관광 상품을 소개받을 수도 있어요.

- 시내 지도 city map 城市地图 chéngshì dìtú 청스 띠투
- 시내 투어 버스 city tour bus 城市观光巴士 chéngshì guānguāng bāshì 청스 꽌꽝 빠슬

관광 정보를 얻을 수 있을까요?
我能得到旅游信息吗? 워 넝 더따오 뤼요 씬씨 마?
Wǒ néng dédào lǚyóu xìnxī ma?

관광할 만한 명소가 있나요?
有值得去的景点吗? 요 즐 더 취 더 징디엔 마?
Yǒu zhí dé qù de jǐngdiǎn ma?

시내 지도가 있나요?
有城市地图吗? 요 청스 띠투 마?
Yǒu chéngshì dìtú ma?

시내 투어 버스가 있나요?
有城市观光巴士吗? 요 청스 꽌꽝 빠슬 마?
Yǒu chéngshì guānguāng bāshì ma?

투어를 신청하고 싶어요.
我想预定这次旅行。 워 샹 위띵 쩌 츠 뤼싱
Wó xiǎng yùdìng zhè cì lǚxíng.

여기서 예약하면 되나요?
这里可以预约吗? 쩌리 커이 위위에 마?
Zhèlǐ kéyǐ yùyuē ma?

한국인 가이드가 있나요?
有韩语导游吗? 요 한위 다오요 마?
Yǒu hányǔ dǎoyóu ma?

(학생일 때) 학생 할인이 되나요?
学生可以打折吗? 쉬에셩 커이 다저 마?
Xuésheng kéyǐ dǎzhé ma?

(투어가) 언제 시작하나요?
旅行什么时候开始? 뤼싱 션머 슬허우 카이슬?
Lǚxíng shénme shíhou kāishǐ?

언제 끝나요?
旅行什么时候结束? 뤼싱 션머 슬허우 지에슈?
Lǚxíng shénme shíhou jiéshù?

취소 수수료가 있나요?
取消的话, 有手续费吗?
취샤오 더 화, 요 셔우쉬 페이 마?
Qǔxiāo de huà, yǒu shǒuxù fèi ma?

어디에서 와이파이를 쓸 수 있나요?
哪儿有Wi-Fi? 날 요 와이파이?
Nǎr yǒu Wi-Fi?

이용료를 내야 하나요?
我要付钱吗? 워 야오 푸 치엔 마?
Wǒ yào fù qián ma?

전화기 좀 써도 될까요?
我能用一下你的电话吗?
워 넝 용 이시아 니 더 띠엔화 마?
Wǒ néng yòng yíxià nǐ de diànhuà ma?

공중전화가 어디에 있나요?
哪儿有公用电话? 날 요 꽁용 띠엔화?
Nár yǒu gōngyòng diànhuà?

길 물어보기

길 찾기 앱이 발달했다고 해도 가끔은 길을 잃고 헤매는 스스로를 발견하죠! 지금 서 있는 여기가 어디인지 도통 모를 때에는 거리에서 시간을 낭비하지 말고 현지인에게 도움을 요청해 보세요. 생각보다 많은 사람들이 도움을 주려고 해요. 친절해 보이는 현지인에게 다가가 뿌 하오이쓰라고 하면서 말을 붙여 보세요.

- ☑ 길을 잃은 lost 迷路 mí lù 미 루
- ☑ 걸어서 on foot
  步行 bùxíng 뿌싱 / 走路 zǒu lù 저우 루
- ☑ 버스를 타고 by bus
  坐公交车 zuò gōngjiāo chē 쭈어 꽁찌아오 처

길을 잃었어요.
我迷路了。 워 미 루 러
Wǒ mí lù le.

길 좀 알려주시겠어요?
能告诉我怎么走吗? 넝 까오쑤 워 쩐머 저우 마?
Néng gàosu wǒ zěnme zǒu ma?

(건물의 이름을 보여 주며) 이 건물을 찾고 있어요.
我想去这栋楼。 워 샹 취 쩌 똥 러우
Wǒ xiǎng qù zhè dòng lóu.

(지도에서 장소를 가리키며) 여기에 어떻게 가나요?
去这里怎么走? 취 쩌리 쩐머 저우?
Qù zhèlǐ zěnme zǒu?

여기서 얼마나 걸리죠?
离这里多远? 리 쩌리 뚜어 위엔?
Lí zhèlǐ duō yuǎn?

걸어서 갈 수 있나요?
可以走过去吗? 커이 저우꾸어취 마?
Kéyǐ zǒuguòqu ma?

버스로 얼마나 걸리죠?
坐公交车多远? 쭈어 꽁찌아오 처 뚜어 위엔?
Zuò gōngjiāo chē duō yuǎn?

현지인

- (걸어서) 데려다드릴게요. I'll walk you there.
  - 我带你去。 Wǒ dài nǐ qù.
- 따라오세요. Follow me.
  - 跟我走。 Gēn wǒ zǒu.

전시/공연 관람

전시장이나 공연장에 입장하기 전에 매표소에서 표를 사고, 오디오 가이드 같은 대여품을 빌리기도 해요. 짐이 무겁다면 물품 보관소에 맡겨 보세요.

- ☑ 매표소 ticket office
  售票处 shòupiào chù 셔우피아오 추
- ☑ 자동발매기 kiosk
  自动售票机 zìdòng shòupiào jī 쯔똥 셔우피아오 찌
- ☑ 입장료 admission fee **门票** ménpiào 먼피아오
- ☑ 상영 시간 showtime
  上映时间 shàngyìng shíjiān 샹잉 슬찌엔
- ☑ 매진된 sold out
  售罄 shòuqìng 셔우칭 / **卖完了** màiwán le 마이완 러
- ☑ 전시 exhibition **展览会** zhǎnlǎnhuì 잔란훼이
- ☑ 공연 show **演出** yǎnchū 옌추

어른 표 한 장 주세요.
请给我一张成人票。 칭 게이 워 이 짱 청런 피아오
Qǐng gěi wǒ yì zhāng chéngrén piào.

내일 표 두 장 주세요.
请给我两张明天的票。
칭 게이 워 량 짱 밍티엔 더 피아오
Qǐng gěi wǒ liǎng zhāng míngtiān de piào.

(예약증을 보여 주며) 예약했어요.
我已经预定了。 워 이찡 위띵 러
Wǒ yǐjing yùdìng le.

(공연이) 언제 시작하나요?
什么时候开始? 션머 슬허우 카이슬?
Shénme shíhou kāishǐ?

다음 공연은 몇 시인가요?
下一场演出是什么时候?
시아 이 창 옌추 슬 션머 슬허우?
Xià yì chǎng yǎnchū shì shénme shíhou?

남은 표가 있나요?

还有票吗? 하이 요 피아오 마?

Hái yǒu piào ma?

직원

- 표가 매진됐어요. It's sold out.
  - (격식) 已经售罄了。 Yǐjing shòuqìng le.
  - (비격식) 已经卖完了。 Yǐ jīng màiwán le.

- ☑ 빌리다 rent 租 zū 쭈
- ☑ 대여소 rental area 租赁处 zūlìn chù 쭈린 추
- ☑ 대여료 rental fee 租金 zūjīn 쭈찐
- ☑ 보증금 deposit 押金 yājīn 야찐
- ☑ 오디오 가이드 audio guide
    语音向导 yǔyīn xiàngdǎo 위인 샹다오
- ☑ 휠체어 wheelchair 轮椅 lúnyǐ 룬이
- ☑ 유모차 stroller 婴儿车 yīngérchē 잉얼처
- ☑ 반납하다 return 还 huán 환

오디오 가이드를 대여하고 싶어요.

我想租一个语音向导。 워 샹 쭈 이 거 위인 샹다오

Wó xiǎng zū yí ge yǔyīn xiàngdǎo.

한국말 오디오 가이드가 있나요?

有韩语的语音向导吗? 요 한위 더 위인 샹다오 마?

Yǒu hányǔ de yǔyīn xiàngdǎo ma?

(사용법을 모를 때) 어떻게 쓰는지 알려주세요.

请教我怎么用。 칭 찌아오 워 쩐머 용

Qǐng jiāo wǒ zěnme yòng.

(작동이 안 될 때) 작동하지 않는 것 같아요.

我觉得不能用。 워 쥐에 더 뿌 넝 용

Wǒ jué de bù néng yòng.

다른 것 있나요?

还有别的吗? 하이 요 비에 더 마?

Hái yǒu bié de ma?

- 입구 entrance 入口 rùkǒu 루커우
- 출구 exit 出口 chūkǒu 추커우
- 안내 책자 brochure 指南 zhǐnán 즐난
- 화장실 toilet/restroom
  厕所 cèsuǒ 처쑤어 / 洗手间 xíshǒujiān 시셔우찌엔 / 卫生间 wèishēngjiān 웨이셩찌엔

- ☑ 보관소 locker / coatroom
  储物柜 chǔ wù guì 추 우 꿰이
- ☑ 소지품 belongings　携带品 xiédài pǐn 씨에따이 핀
- ☑ 기념품 가게 gift shop
  纪念品店 jiniànpǐn diàn 찌니엔핀 띠엔

(건물 밖에서) 입구가 어디에 있나요?

请问，入口在哪儿? 칭원, 루커우 짜이 날?
Qǐngwèn, rùkǒu zài nǎr?

안내책자 하나 주시겠어요?

能给我一本指南册吗? 넝 게이 워 이 번 즐난 처 마?
Néng gěi wǒ yì běn zhǐnán cè ma?

(공연 중일 때) 들어가도 되나요?

能进去吗? 넝 찐취 마?
Néng jìnqu ma?

어디에서 줄을 서야 하나요?

在哪儿排队? 짜이 날 파이뚜이?
Zài nǎr páiduì?

물품보관소가 있나요?
有储物柜吗? 요 추 우 꿰이 마?
Yóu chǔ wù guì ma?

제 짐을 보관할 수 있나요?
我能存一下我的行李吗?
워 넝 춘 이시아 워 더 싱리 마?
Wǒ néng cún yíxià wǒ de xíngli ma?

저와 자리 좀 바꿔 주실 수 있나요?
能和您换一下座位吗?
넝 허 닌 환 이시아 쭈어웨이 마?
Néng hé nín huàn yíxià zuòwèi ma?

(나갈 때) 출구가 어디에 있나요?
出口在哪儿? 추커우 짜이 날?
Chūkǒu zài nǎr?

이쪽이 출구인가요?
这边是出口吗? 쩌삐엔 슬 추커우 마?
Zhèbiān shì chūkǒu ma?

관람 에티켓

관람 에티켓은 나 먼저 잘 지키면 좋겠죠? 상대도 불편할 수 있는 상황을 요청할 때에는 최대한 부드러운 말투와 밝은 표정으로 말해 보세요.

(통로를 지나갈 때) 저 좀 지나갈게요.

不好意思, 过去一下。

뿌 하오이쓰, 꾸어취 이시아
Bù hǎoyìsi, guòqu yíxià.

(잠시 자리를 비울 때) 제 자리 좀 맡아 주시겠어요?

能帮我占一下座位吗?

넝 빵 워 짠 이시아 쭈어웨이 마?
Néng bāng wǒ zhàn yíxià zuòwèi ma?

(앞 시야를 가리는 사람에게) 자리에 좀 앉아 주시겠어요?

您可以坐一下吗? 닌 커이 쭈어 이시아 마?
Nín kéyǐ zuò yíxià ma?

(뒷자리 사람에게) 제 좌석을 차지 말아 주세요.

请不要踢我的座位。 칭 부 야오 티 워 더 쭈어웨이
Qǐng bú yào tī wǒ de zuòwèi.

(시끄러운 사람에게) 조용히 해 주세요.

请安静。 칭 안찡
Qǐng ānjìng.

안내 문구

- 금연 No Smoking
  - 禁止吸烟 jìnzhǐ xīyān
- 음식물 및 음료 반입 금지 No Food Allowed
  - 禁止携带食物饮料 jìnzhǐ xiédài shíwù yǐnliào
- 애완동물 입장 불가 No Pets
  - 禁止携带宠物 jìnzhǐ xiédài chǒngwù
- 만지지 마세요. Do Not Touch
  - 禁止触摸 jìnzhǐ chùmō
- 쓰레기를 버리지 마세요. No Littering
  - 禁止乱扔垃圾 jìn zhǐ luàn rēng lājī
- 큰 소리를 내지 마세요. No Yelling
  - 禁止大声喧哗 jìnzhǐ dà shēng xuānhuá
- 보안요원이 가방을 검색할 수 있습니다. Security may ask to search your bag.
  - 保安可以检查你的包。 Bǎoān kéyǐ jiǎnchá nǐ de bāo.

사진 촬영 에티켓

여행에서 남는 것은 사진뿐! 혼자 여행한다거나 일행이 모두 나오는 사진을 찍고 싶다면, 주변에 있는 사람들에게 찍어 달라고 부탁해 보세요. 사진을 찍어 주는 호의를 먼저 베푼 후에 부탁하는 것도 좋은 방법이고요. 사진 촬영이 금지된 곳도 있으니 잘 확인하세요.

☑ 사진 photo **照片** zhàopiàn 짜오피엔

여기서 사진 찍어도 되나요?
我可以在这儿拍照吗?
워 커이 짜이 쩔 파이짜오 마?
Wǒ kěyǐ zài zhèr pāizhào ma?

(이거) 사진 찍어도 되나요?
可以拍照吗? 커이 파이짜오 마?
Kéyǐ pāizhào ma?

여기에 삼각대를 세워도 될까요?
可以在这儿立三脚架吗?
커이 짜이 쩌 리 싼지아오찌아 마?
Kéyǐ zài zhèr lì sānjiǎojià ma?

(사진 촬영을 부탁할 때) 사진 좀 찍어 주시겠어요?

可以帮我拍张照吗?

커이 빵 워 파이 짱 짜오 마?

Kéyǐ bāng wǒ pāi zhāng zhào ma?

(사진기를 건네며) 여기를 누르면 돼요.

请按这里。 칭 안 쩌리

Qǐng àn zhèlǐ.

(건물을 가리키며) 저 건물이 나오게 찍어 주시겠어요?

能把这栋楼拍进去吗?

넝 바 쩌 똥 러우 파이찐취 마?

Néng bǎ zhè dòng lóu pāijìnqu ma?

플래시 없이 찍어 주세요.

请不要开闪光。 칭 부 야오 카이 샨꽝

Qǐng bú yào kāi shǎnguāng.

한 장 더 찍어 주세요.

请再拍一张。 칭 짜이 파이 이 짱

Qǐng zài pāi yì zhāng.

제가 한 장 찍어드릴게요.
我帮你拍一张。 워 빵 니 파이 이 짱
Wǒ bāng nǐ pāi yì zhāng.

웃어요.
茄子。 치에쯔
Qiézi.

우리가 사진을 찍을 때 입꼬리가 올라가도록 '김치~, 치즈~'라고 하는 것처럼, 중국에서도 '치에쯔~'라고 하면서 사진을 찍어요. 茄子는 우리말로 '가지'를 뜻해요.

(찍어준 사진을 확인하라고) 한번 보세요.
请看一下。 칭 칸 이시아
Qǐng kàn yíxià.

안내 문구
- 사진 촬영 금지 No Cameras
  - 禁止拍照 jìnzhǐ pāizhào
- 촬영 금지 No Filming
  - 禁止录像 jìnzhǐ lùxiàng
- 사진 플래시 금지 No Flash
  - 禁止开闪光灯 jìnzhǐ kāi shǎnguāngdēng
- 셀카봉 사용 금지 No Selfie Stick
  - 禁止使用自拍杆 jìnzhǐ shǐ yòng zì pāi gān
- 삼각대 사용 금지 No Tripod
  - 禁止使用三脚架 jìnzhǐ shǐyòng sānjiǎojià

슈퍼마켓 supermarket **超市** chāoshì 차오슬	대형마트 large supermarket **大型超市** dàxíng chāoshì 따싱 차오슬
편의점 convenience store **便利店** biànlìdiàn 삐엔리띠엔	백화점 department store **商场** shāngchǎng 샹창
시장 market **市场** shìchǎng 슬창	야시장 night market **夜市** yèshì 예슬
가격 price **价格** jiàgé 찌아거	거스름돈 change **零钱** língqián 링치엔
교환 exchange **交换** jiāohuàn 찌아오환	환불 refund **退** tuì 퉤이

쇼핑

쇼핑 시작하기
착용해 보기
계산하기
값 흥정하기
포장 요청하기/EMS 보내기
교환/환불 하기

원어민 음성

쇼핑 시작하기

여행지에서의 쇼핑은 맛집 탐방만큼이나 중요해요. 면세점 쇼핑과 현지 쇼핑 모두 빼놓을 수 없어요. 사고 싶은 것은 따로 메모해 두거나, 사진을 준비해서 직원에게 직접 보여 주는 것이 편리하고 빨라요.

- ☑ 화장품 cosmetics 化妆品 huàzhuāngpǐn 화쫭핀
- ☑ 선크림 sunscreen
  防晒霜 fáng shài shuāng 팡 샤이 슈앙
- ☑ 향수 perfume 香水 xiāngshuǐ 샹쉐이
- ☑ 선글라스 sunglasses 墨镜 mòjìng 모어찡
- ☑ 지갑 wallet 钱包 qiánbāo 치엔빠오
- ☑ 건강식품 health food
  健康食品 jiànkāng shípǐn 찌엔캉 슬핀
- ☑ 주류 alcohol/liquor 酒 jiǔ 지우
- ☑ 담배 cigarette/tobacco 烟 yān 옌
- ☑ 기념품 souvenir 纪念品 jìniànpǐn 찌니엔핀

직원

- 무엇을 도와드릴까요? May I help you?
  - 需要帮助吗? Xūyào bāngzhù ma?
- 천천히 둘러보세요. Take your time.
  - 请慢慢看。 Qǐng mànman kàn.

화장품을 찾고 있어요.
我在找化妆品。 워 짜이 자오 화쫭핀
Wǒ zài zhǎo huàzhuāngpǐn.

(사려는 물건의 사진을 보여 주며) 이 물건이 있나요?
有这个吗? 요 쩌거 마?
Yǒu zhège ma?

이 물건은 어디에 있나요?
这个在哪儿? 쩌거 짜이 날?
Zhège zài nǎr?

이 물건 좀 보여 주시겠어요?
能给我看一下这个吗?
넝 게이 워 칸 이시아 쩌거 마?
Néng gěi wǒ kàn yíxià zhège ma?

(윈도쇼핑을 할 때) 그냥 둘러보고 있어요.
我只是随便看看。 워 즐슬 쉐이삐엔 칸칸
Wó zhǐshì suíbiàn kànkan.

착용해 보기

의류나 신발을 살 때에는 직접 착용해 보세요. 같은 사이즈여도 현지인들의 체형과 나의 체형이 생각보다 많이 다를 수 있어요. 사이즈가 맞지 않다면, 더 큰 것이나 더 작은 것을 달라고 요청해요.

> ☑ 입어 보다 try on 试穿 shì chuān 슬 촨
> ☑ 탈의실 fitting room 试衣间 shì yī jiān 슬 이 찌엔
> ☑ 거울 mirror 镜子 jìngzi 찡쯔

입어(신어) 봐도 되나요?
我可以试一下吗? 워 커이 슬 이시아 마?
Wǒ kěyǐ shì yíxià ma?

탈의실이 어딘가요?
请问, 试衣间在哪儿? 칭원, 슬 이 찌엔 짜이 날?
Qǐngwèn, shì yī jiān zài nǎr?

거울 있나요?
有镜子吗? 요 찡쯔 마?
Yǒu jìngzi ma?

직원

- 잘 맞으세요? How does it fit?
  - 合适吗? Héshì ma?

- ☑ 더 긴 longer 长一点儿 cháng yìdiǎnr 창 이디얼
- ☑ 더 짧은 shorter 短一点儿 duǎn yìdiǎnr 돤 이디얼
- ☑ 더 큰 bigger 大一点儿 dà yìdiǎnr 따 이디얼
- ☑ 더 작은 smaller 小一点儿 xiǎo yìdiǎnr 샤오 이디얼
- ☑ 헐렁한 loose 宽松 kuānsōng 콴쏭
- ☑ 꽉 끼는 tight 紧 jǐn 진

(옷이 몸에 딱 맞을 때) 아주 좋아요.

很合身。 헌 허션
Hěn héshēn.

(사이즈가 클 때) 더 작은 걸로 있나요?

有小一点儿的吗? 요 샤오 이디얼 더 마?
Yǒu xiǎo yìdiǎnr de ma?

(사이즈가 길 때) 너무 길어요.

太长了。 타이 창 러
Tài cháng le.

다른 색깔로 있나요?
有别的颜色吗? 요 비에 더 옌쓰 마?
Yǒu bié de yánsè ma?

이거 하얀색으로 있나요?
有白色吗? 요 바이쓰 마?
Yǒu báisè ma?

(구매하기로 결정했을 때) 이걸로 할게요.
我要这个。 워 야오 쩌거
Wǒ yào zhège.

(구매하려는 물건이 두 개일 때) 둘 다 주세요.
这两个都要。 쩌 량 거 떠우 야오
Zhè liǎng ge dōu yào.

(손 타지 않은 물건을 받고 싶을 때) 새것 있나요?
有新的吗? 요 씬 더 마?
Yǒu xīn de ma?

(쇼핑을 계속하고 싶을 때) 좀 더 둘러볼게요.
我再看看。 워 짜이 칸칸
Wǒ zài kànkan.

(구매하지 않고 나갈 때 인사처럼) 나중에 올게요.

我一会儿再回来。 워 이훨 짜이 훼이라이

Wǒ yíhuir zài huílai.

계산하기

면세는 국경을 넘는 외국인 여행자에게 주어지는 혜택! 길거리나 시장에서 쇼핑하는 게 아니라면, 세금 환급을 노려 보세요. 백화점이나 대형 쇼핑몰에서는 자체 면세 카운터가 있어서 즉시 면세가가 적용되기도 해요. 나라마다 면세의 범위와 한도가 다르지만, 사전에 알아보고 쇼핑 계획을 짠다면 좀 더 현명한 쇼핑을 할 수 있어요.

- ☑ 세금 포함 tax included **包含税金** bāohán shuìjīn 빠오한 쉐이찐
- ☑ 세금 환급 tax refund **退税** tuìshuì 퉤이쉐이
- ☑ 면세가 되는 tax-free **免税** miǎnshuì 미엔쉐이
- ☑ 현금 cash **现金** xiànjīn 씨엔찐
- ☑ 신용카드 credit card **信用卡** xìnyòngkǎ 씬용카
- ☑ 체크카드 debit card **借记卡** jièjì kǎ 찌에찌 카
- ☑ 쿠폰 coupon **优惠券** yōuhuìquàn 요훼이첸
- ☑ 영수증 receipt **收据** shōujù 셔우쮜

(사려는 물건이 하나일 때) 얼마죠?

多少钱? 뚜어샤오 치엔?

Duōshao qián?

(사려는 물건이 여러 개일 때) 모두 얼마인가요?

一共多少钱? 이꽁 뚜어샤오 치엔?

Yígòng duōshao qián?

가격표가 없네요.

我没有看到价格。 워 메이요 칸따오 찌아거

Wǒ méiyǒu kàndào jiàgé.

(가격표를 보며) 세금이 포함된 가격인가요?

价格包含税金吗? 찌아거 빠오한 쉐이찐 마?

Jiàgé bāohán shuìjīn ma?

나중에 세금 환급을 받을 수 있나요?

以后可以退税吗? 이허우 커이 퉤이쉐이 마?

Yǐhòu kéyǐ tuìshuì ma?

현금으로 계산할게요.

我付现金。 워 푸 씨엔찐

Wǒ fù xiànjīn.

신용카드 되나요?
信用卡可以吗? 씬용카 커이 마?
Xìnyòngkǎ kéyǐ ma?

카드로 계산할게요.
我刷卡。 워 슈아카
Wǒ shuākǎ.

 직원

- 카드를 읽혀주세요. Swipe your card.
  ○ 请刷卡。 Qǐng shuākǎ.

이 쿠폰을 쓸 수 있나요?
这个优惠券能用吗? 쩌거 요우훼이췐 넝 용 마?
Zhège yōuhuìquàn néng yòng ma?

(계산대에서 물건을 뺄 때) 죄송하지만, 이건 뺄게요.
不好意思，这个不要了。
뿌 하오이쓰, 쩌거 부 야오 러
Bù hǎoyìsi, zhège bú yào le.

영수증 주세요.

请给我收据。 칭 게이 워 셔우쮜

Qǐng gěi wǒ shōujù.

(영수증 금액이 맞지 않을 때) 계산이 이상해요.

账单有问题。 짱딴 요 원티

Zhàngdān yǒu wèntí.

다시 확인해 주시겠어요?

能再检查一下吗? 넝 짜이 지엔차 이시아 마?

Néng zài jiǎnchá yíxià ma?

(영수증에서) 이 금액은 뭔가요?

这个是什么钱? 쩌거 슬 선머 치엔?

Zhège shì shénme qián?

이 물건은 사지 않았어요.

我没买这个。 워 메이 마이 쩌거

Wǒ méi mǎi zhège.

(잘못된 카드결제에 대해) 결제가 취소되었나요?

结账被取消了吗? 지에짱 뻬이 취샤오 러 마?

Jiézhàng bèi qǔxiāo le ma?

값 흥정하기

흥정할 때에는 말보다 행동이 효과적이에요. 비싸다 싶으면 돌아서는 것으로 끝! 그래도 잡지 않으면 그 가게와는 인연이 아닌 거죠.

> ☑ 비싼 pricey/expensive 贵 guì 꿰이
>
> ☑ 더 싼 cheaper
>   便宜一点儿 piányi yìdiǎnr 피엔이 이디얼
>
> ☑ 할인 중 on sale 打折 dǎzhé 다저

가격이 너무 비싸요.

太贵了。 타이 꿰이 러
Tài guì le.

더 저렴한 것 있나요?

有便宜一点儿的吗? 요 피엔이 이디얼 더 마?
Yǒu piányi yìdiǎnr de ma?

(물건을 가리키며) 이 물건 할인하나요?

这个打折吗? 쩌거 다저 마?
Zhège dǎzhé ma?

할인이 되나요?
可以打折吗? 커이 다저 마?
Kéyǐ dǎzhé ma?

현금으로 내면 할인되나요?
现金的话, 可以打折吗?
씨엔찐 더 화, 커이 다저 마?
Xiànjīn de huà, kéyǐ dǎzhé ma?

두 개 사면 할인이 되나요?
买两个可以打折吗? 마이 량 거 커이 다저 마?
Mǎi liǎng ge kéyǐ dǎzhé ma?

(흥정이 안 될 때 돌아서며) 됐어요.
那算了。 나 쏸 러
Nà suàn le.

직원

- 정찰제입니다. This is a set price.
  ❍ 这是定价。 Zhè shì dìng jià.
- 잘 사시는 겁니다. This is a good buy.
  ❍ 买得很值。 Mǎi de hěn zhí.

포장 요청하기/EMS 보내기

쇼핑한 물건을 담을 일회용 봉투를 요청한다면 환경부담금을 내야 할 수도 있어요. 대형 매장에서는 선물 포장도 가능하니 선물용이라면 한번 시도해 보세요. 위탁수하물의 무게 제한을 초과할 정도라면 국제소포서비스(EMS)를 이용해 보세요.

- ☑ 비닐봉투 plastic bag
  塑料袋 sùliào dài 쑤랴오 따이
- ☑ 종이봉투 paper 纸袋 zhǐdài 즐따이
- ☑ 선물 포장 gift-wrap
  礼品包装 lǐpǐn bāozhuāng 리핀 빠오쫭
- ☑ 소포 parcel 包裹 bāoguǒ 빠오구어

(계산을 마치고) 쇼핑백에 넣어 주실 수 있나요?.

能给我一个袋子吗? 넝 게이 워 이 거 따이쯔 마?
Néng gěi wǒ yí ge dàizi ma?

(쇼핑백이) 무료인가요?

是免费的吗? 슬 미엔페이 더 마?
Shì miǎnfèi de ma?

포장해 주시겠어요?
能用礼品包装吗? 넝 용 리핀 빠오쫭 마?
Néng yòng lǐpǐn bāozhuāng ma?

가격표는 떼어 주세요.
请去掉价格标签。 칭 취띠아오 찌아거 삐아오치엔
Qǐng qùdiào jiàgé biāoqiān.

같이 포장해 주세요.
请包在一起。 칭 빠오짜이 이치
Qǐng bāozài yìqǐ.

따로따로 포장해 주세요.
请分开包装。 칭 펀카이 빠오쫭
Qǐng fēnkāi bāozhuāng.

(물건 보관을 요청할 때) 이거 잠시 보관해 줄 수 있나요?
能暂时存一下这个吗? 넝 짠슬 춘 이시아 쩌거 마?
Néng zànshí cún yíxià zhège ma?

EMS 라벨 문구

- 비서류용 소포 goods/non-document/parcel
  - 非文件包裹 fēi wénjiàn bāoguǒ
- 우편번호 postal code
  - 邮编 yóubiān
- 내용물 contents
  - 里面的东西 lǐmiàn de dōngxi
- 물품 가격 value
  - 价格 jiàgé
- 수량 quantity/amount
  - 数量 shùliàng

(항공편) 국제 소포로 보낼 거예요.

请用EMS空运。 칭 용 이엠에스 콩윈

Qǐng yòng EMS kōngyùn.

이 소포를 서울로 부치려고 해요.

这个包裹我想寄到首尔。

쩌거 빠오구어 워 샹 찌따오 셔우얼

Zhège bāoguǒ wó xiǎng jìdào Shóu'ěr.

(요금이) 얼마인가요?

邮费多少钱? 요페이 뚜어샤오 치엔?

Yóufèi duōshǎo qián?

언제 도착하나요?
什么时候能到? 션머 슬허우 넝 따오?
Shénme shíhou néng dào?

직원
- 소포 내용물이 뭔가요? What's inside the package?
- ❍ 包裹里有什么? Bāoguǒ lǐ yǒu shénme?

교환/환불 하기

구매 전에 상품을 꼼꼼히 살펴보고 산다면 교환하거나 환불하는 번거로움이 생기지 않아요. 그럼에도 상품에 하자가 있어서 교환/환불을 해야 한다면 결제 영수증을 꼭 챙기세요.

- ☑ 교환하다 exchange 交换 jiāohuàn 찌아오환
- ☑ 환불하다 refund 退 tuì 퉤이 / 退款 tuìkuǎn 퉤이콴
- ☑ 하자가 있는 damaged 有瑕疵 yǒu xiácī 요 시아츠
- ☑ 망가진 broken 坏了 huài le 화이 러
- ☑ 얼룩이 있는 stained 有斑点 yǒu bāndiǎn 요 빤디엔
- ☑ 찢어진 torn 撕破了 sīpò le 스포어 러

교환할 수 있나요?
这个能换吗? 쩌거 넝 환 마?
Zhège néng huàn ma?

환불받을 수 있나요?
这个能退吗? 쩌거 넝 퉤이 마?
Zhège néng tuì ma?

물건에 하자가 있어요.
这个有瑕疵。 쩌거 요 시아츠
Zhège yǒu xiácī.

물건에 스크래치가 있어요.
这个有划痕。 쩌거 요 화헌
Zhège yǒu huáhén.

제가 그런 게 아니에요.
不是我弄的。 부 슬 워 농 더
Bú shi wǒ nòng de.

저는 사용하지 않았어요.
我还没用过。 워 하이 메이 용꾸어
Wǒ hái méi yòngguo.

안내 문구
- 교환/환불 불가 No Refunds or Exchanges
  ○ 不可退换 Bù kě tuìhuàn

공항 airport	국제선 international flight
机场	**国际航班**
jīchǎng	guójì hángbān
찌창	구어찌 항빤

인천국제공항 Incheon Airport (ICN)	항공권 예약확인증 e-ticket
仁川国际机场	**电子机票**
Rénchuān guójì jīchǎng	diànzǐ jīpiào
런촨 구어찌 찌창	띠엔쯔 찌피아오

탑승 boarding	승객 passenger
乘	**乘客**
chéng	chéngkè
청	청커

세금 환급 tax refund (VAT refund)	면세점 duty-free shop
退税	**免税店**
tuìshuì	miǎnshuì diàn
퉤이쉐이	미엔쉐이 띠엔

체크인 check-in	게이트 gate
值机	**登机口**
zhíjī	dēngjī kǒu
즐찌	떵찌 커우

출국

체크인하기
세금 환급받기
검색대 통과하기
탑승 기다리기
항공사에 보상 요청하기
항공권 예약하기

원어민 음성

체크인하기

외국 공항에서의 출국도 인천국제공항에서의 출국과 비슷해요. 이용하는 항공사의 카운터를 찾아서 항공권 예약확인증과 여권을 보여 주세요. 위탁수하물이 있다면 부치고 나서 수하물 영수증을 꼭 챙기세요. 가방에 깨질 법한 물건이 들어 있다면 항공사 직원에게 '취급주의(易碎 yì suì 이 쒜이)' 스티커를 붙여달라고 요청하세요.

- ☑ 항공사 카운터 check-in desk
  值机柜台 zhíjī guìtái 즈í 꿰이타이
- ☑ 기내용 수하물 carry-on baggage
  登机行李 dēngjī xíngli 떵찌 싱리
- ☑ 추가 요금 extra charge
  追加费用 zhuījiā fèiyòng 쮀이찌아 페이용
- ☑ 탑승권 boarding pass **登机牌** dēngjī pái 떵찌 파이
- ☑ 탑승구 boarding gate **登机口** dēngjī kǒu 떵찌 커우

국제선이 어디인가요?

请问, 国际航班在哪儿?

칭원, 구어찌 항빤 짜이 날?
Qǐngwèn, guójì hángbān zài nǎr?

아시아나 항공 카운터는 어디에 있나요?
请问, 韩亚航空的柜台在哪儿?
칭원, 한야 항콩 더 꿰이타이 짜이 날?
Qǐngwèn, Hányà hángkōng de guìtái zài nǎr?

(항공사 카운터에서) 체크인할게요.
值机。 즐찌
Zhíjī.

직원
- 항공권과 여권 주세요. Can I see your ticket and passport?
  ○ **请给我您的机票和护照。**
     Qǐng gěi wǒ nín de jīpiào hé hùzhào.
- 부치실 짐이 있나요? Do you have any baggage to check in?
  ○ **有托运行李吗?** Yǒu tuōyùn xíngli ma?

(항공권과 여권을 주며) 여기요.
给你。 게이 니
Gěi nǐ.

(위탁수하물을 맡길 때) 부칠 짐이 있어요.
我有托运行李。 워 요 투어윈 싱리
Wǒ yǒu tuōyùn xíngli.

이 가방에 '취급 주의' 스티커를 붙여 주세요.

请帮我贴上'易碎'标签。

칭 빵 워 티에샹 '이 쒜이' 삐아오치엔

Qǐng bāng wǒ tiēshàng 'yì suì' biāoqiān.

직원

- 가방이 제한한 무게를 초과했어요. Your luggage is over-weight.
  - 您的行李超重了。 Nín de xíngli chāozhòng le.
- 가방이 제한한 규격을 초과했어요. Your luggage is over-sized.
  - 您的行李尺寸过大。 Nín de xíngli chǐcùn guò dà.
- 추가 요금을 내셔야 해요. You need to pay an extra fee for it.
  - 您需要交追加的费用。 Nín xūyào jiāo zhuījiā de fèiyòng.

(가방이 제한된 무게를 초과했을 때)

추가요금이 얼마인가요?

追加费用多少钱? 쮀이찌아 페이용 뚜어샤오 치엔?

Zhuījiā fèiyòng duōshao qián?

가방에서 물건을 좀 뺄게요.

我会从包里拿出一些东西。

워 훼이 총 빠오 리 나추 이시에 똥시

Wǒ huì cóng bāo li náchū yìxiē dōngxi.

이 가방은 갖고 탈 거예요.
我会带这个包上飞机。
워 훼이 따이 쩌거 빠오 샹 페이찌
Wǒ huì dài zhège bāo shàng fēijī.

이 물건을 갖고 탈 수 있을까요?
我能带这个上飞机吗?
워 넝 따이 쩌거 샹 페이찌 마?
Wǒ néng dài zhège shàng fēijī ma?

탑승 시간이 몇 시인가요?
什么时候登机? 션머 슬허우 떵찌?
Shénme shíhou dēngjī?

탑승구는 어디에 있나요?
登机口在哪儿? 떵찌 커우 짜이 날?
Dēngjī kǒu zài nǎr?

(탑승구 앞에서) 여기가 국제선 탑승구인가요?
这里是国际航班的登机口吗?
쩌 리 슬 구어찌 항빤 더 떵찌 커우 마?
Zhèlǐ shì guójì hángbān de dēngjī kǒu ma?

14번 게이트가 어디에 있죠?
14号登机口在哪儿? 슬쓰 하오 떵찌 커우 짜이 날?
Shísì hào dēngjī kǒu zài nǎr?

(잠시 짐을 맡기고 싶을 때) 수하물 임시보관소가 어디인가요?
行李寄存处在哪儿? 싱리 찌춘 추 짜이 날?
Xíngli jìcún chù zài nǎr?

세금 환급받기

(세금 환급 창구에서) 세금 환급을 받고 싶어요.
我想退税。 워 샹 퉤이쉐이
Wó xiǎng tuìshuì.

(양식을 내밀며) 환급 확인 도장을 받고 싶어요.
我想盖个章。 워 샹 까이 거 짱
Wó xiǎng gài ge zhāng.

(세금 환급기를 가리키며) 이거 사용하는 것 좀 알려주세요.
能教我用这个吗? 넝 찌아오 워 용 쩌거 마?
Néng jiāo wǒ yòng zhège ma?

검색대 통과하기

인천국제공항에서 출국할 때와 같은 절차예요. 제한 용량을 초과한 액체류를 갖고 검색대를 통과할 수 없으니 마시던 생수통은 버려 주세요. 노트북이나 카메라는 가방에서 꺼내 별도 바구니에 담아야 해요. 겉옷도 따로 담아요.

- ☑ 검색대 X-ray scanner **探测器** tàncè qì 탄처 치
- ☑ 노트북 laptop
  笔记本电脑 bǐjìběn diànnǎo 비찌번 띠엔나오

직원

- 소지품을 바구니에 넣으세요. Put your belongings in the basket.
  ◐ 请把你的东西放在篮子里。
  Qǐng bǎ nǐ de dōngxi fàng zài lánzi lǐ.

- 노트북과 카메라, 휴대폰은 따로 담아 주세요. Place laptops, cameras, and cell phones separately.
  ◐ 笔记本电脑、相机、手机请单独放。
  Bǐjìběn diànnǎo, xiàngjī, shǒujī qǐng dāndú fàng.

- 신발을 벗어 주세요. Take off your shoes, please.
  ◐ 请脱鞋。 Qǐng tuō xié.

- 가방 검사를 할게요. Let me check your luggage.
  ◐ 请让我检查一下您的包。
  Qǐng ràng wǒ jiǎn chá yíxià nín de bāo.

(주머니를 확인하려고 하면) 주머니에 아무것도 없어요.
我的口袋里什么也没有。
워 더 커우따이 리 션머 예 메이요
Wǒ de kǒudài lǐ shénme yě méiyǒu.

(수술해서) 제 다리에 철심이 있어요.
我的腿里有铁钉。 워 더 퉤이 리 요 티에띵
Wǒ de tuǐ lǐ yǒu tiědīng.

(검색이 끝나면) 이게 가면 되나요?
我可以走吗? 워 커이 저우 마?
Wǒ kéyǐ zǒu ma?

(내 물건을 챙길 때) 제 거예요.
这是我的。 쩌슬 워 더
Zhè shi wǒ de.

탑승 기다리기

검색대 통과 후에는 탑승권에 표시된 탑승구로 향해요. 베이징 공항 같은 대형 공항은 탑승동까지 셔틀 트레인을 타고 이동해야 할 수도 있고, 100개가 넘는 탑승구가 있기도 해요. 못 찾겠다면 헤매지 말고 공항 직원들의 도움을 받으세요. 여유가 있다면 탑승구 근처 면세점에서 못 다한 쇼핑을 할 수 있어요.

(항공권을 보여 주며) 이 탑승구가 맞나요?
这个登机口对吗? 쩌거 떵찌 커우 뚜에이 마?
Zhège dēngjī kǒu duì ma?

탑승은 몇 시에 시작하나요?
什么时候开始登机? 선머 슬허우 카이슬 떵찌?
Shénme shíhou kāishǐ dēngjī?

직원

- 탑승 준비를 하세요. Please prepare for boarding.
  ○ 请准备登机。 Qǐng zhǔnbèi dēngjī.
- 10분 후 비행기가 출발합니다. The flight will depart in ten minutes.
  ○ 飞机将在10分钟后起飞。
  Fēijī jiāng zài shí fēnzhōng hòu qǐfēi.

(연착되었을 때) 얼마나 기다려야 하나요?
要等多长时间? 야오 덩 뚜어 창 슬찌엔?
Yào děng duō cháng shíjiān?

(면세점에서 사려는 물건의 사진을 보여 주며) 이 물건이 있나요?
有这个吗? 요 쩌거 마?
Yǒu zhège ma?

가장 많이 팔리는 물건이 뭔가요?
哪个卖得最好? 나 거 마이 더 쮀이 하오?
Nǎ ge mài de zuì hǎo?

이 쿠폰을 쓸 수 있나요?
我能用这个优惠券吗? 워 넝 용 쩌거 요훼이췐 마?
Wǒ néng yòng zhège yōuhuìquàn ma?

카드로 결제할게요.
我刷卡。 워 슈아카
Wǒ shuākǎ.

항공사에 보상 요청하기

비행기는 악천후 때문에 취소되거나 연착되는 경우가 종종 생겨요. 항공사의 잘못으로 환승 비행기를 탈 수 없게 되는 상황, 초과예약이 되어(overbooking 오버부킹) 탑승에서 밀려난 상황에는 항공사에 보상을 요구할 수 있어요.

- ☑ 연착 delayed 延误 yánwù 옌우
- ☑ 취소 canceled 取消 qǔxiāo 취샤오
- ☑ 보상 compensation 补偿 bǔcháng 부창
- ☑ 바우처 voucher 优惠券 yōuhuìquàn 요훼이췐

제 비행편이 지연됐어요.
我的航班延误了。 워 더 항빤 옌우 러
Wǒ de hángbān yánwù le.

제 비행편이 취소됐어요.
我的航班取消了。 워 더 항빤 취샤오 러
Wǒ de hángbān qǔxiāo le.

(오버부킹 때문에) 제가 밀려서 비행기를 못 탔어요.
我从乘客中被剔除了。 워 총 청커 쭝 뻬이 티추 러
Wǒ cóng chéngkè zhōng bèi tìchú le.

(항공사 직원에게) 보상해 주세요.
我想得到补偿。 워 샹 더따오 부창
Wó xiǎng dédào bǔcháng.

(예약해둔 숙소에 갈 수 없게 되었을 때) 호텔비 보상해 주세요.
我想要酒店作为补偿。
워 샹야오 지우띠엔 쭈어웨이 부창
Wó xiǎngyào jiǔdiàn zuòwéi bǔcháng.

(항공사에서) 호텔 바우처를 주나요?
提供酒店优惠券吗? 티꽁 지우띠엔 요훼이췐 마?
Tígōng jiǔdiàn yōuhuìquàn ma?

(항공사에서) 다음 비행 바우처를 주나요?
提供下一趟航班的优惠券吗?
티꽁 시아 이 탕 항빤 더 요훼이췐 마?
Tígōng xià yí tàng hángbān de yōuhuìquàn ma?

항공권을 환불하고 싶어요.
我想退我的机票。 워 샹 퉤이 워 더 찌피아오
Wó xiǎng tuì wǒ de jīpiào.

(손해 비용에 대해) 어떻게 환불받을 수 있나요?
怎么得到退款呢? 쩐머 더따오 퉤이콴 너?
Zěnme dédào tuìkuǎn ne?

다음 비행기 출발은 언제인가요?
下一趟飞机什么时候出发?
시아 이 탕 페이찌 션머 슬허우 추파?
Xià yí tàng fēijī shénme shíhou chūfā?

제가 얼마나 기다려야 하나요?
我要等多长时间? 워 야오 덩 뚜어 창 슬찌엔?
Wǒ yào děng duō cháng shíjiān?

항공권 예약하기

돌아가는 항공권을 미리 끊지 않았다면 현지의 공항에서 표를 예약할 수 있어요.

- ☑ 이름 first name 名字 míngzi 밍쯔
- ☑ (이름의) 성 family name 姓 xìng 씽
- ☑ 편도표 one-way ticket
  单程票 dānchéng piào 딴청 피아오

- ☑ 왕복표 round-trip ticket
  往返票 wǎngfǎn piào 왕판 피아오

- ☑ 일반석 economy 经济舱 jīngjì cāng 찡찌 창

- ☑ 이등석 business 商务舱 shāngwù cāng 샹우 창

- ☑ 일등석 first class 头等舱 tóuděng cāng 터우덩 창

- ☑ 창가 쪽 좌석 window seat 靠窗的座位
  kào chuāng de zuòwèi 카오 촹 더 쭈어웨이

- ☑ 통로 쪽 좌석 aisle seat 靠过道的座位
  kào guòdào de zuòwèi 카오 꾸어따오 더 쭈어웨이

- ☑ 앞쪽 좌석 front row seat 前面的座位
  qiánmian de zuòwèi 치엔미엔 더 쭈어웨이

- ☑ 비상구 쪽 좌석 emergency exit seat 紧急出口座位
  jǐnjí chūkǒu zuòwèi 진지 추커우 쭈어웨이

- ☑ 예약번호 reservation number
  预约号码 yùyuē hàomǎ 위위에 하오마

- ☑ 비행편 flight number 航班号 hángbān hào 항빤 하오

- ☑ 마일리지 mileage 里程 lǐchéng 리청

인천국제공항 행 비행기를 예약하고 싶어요.

我想要一张去仁川的飞机票。

워 샹야오 이 짱 취 런촨 더 페이찌 피아오

Wǒ xiǎngyào yì zhāng qù rénchuān de fēijī piào.

직원

- 여권을 보여 주세요. Your passport, please.
  - 请给我您的护照。 Qǐng gěi wǒ nín de hùzhào.
- 언제 출발하실 건가요? When are you leaving?
  - 您想什么时候出发? Nín xiǎng shénme shíhou chūfā?
- 어떤 등급의 좌석을 드릴까요? What class do you prefer to fly in?
  - 您要什么座位? Nín yào shénme zuòwèi?
- 성함과 전화번호 부탁드립니다. I need your name and phone number.
  - 请给我您的名字和手机号码。
    Qǐng gěi wǒ nín de míngzi hé shǒujī hàomǎ.
- 여기 여권하고 이티켓이요. Here is my passport and e-ticket.
  - 这是我的护照和电子机票。
    Zhè shì wǒ de hùzhào hé diànzǐ jīpiào.
- 출발일은 6월 5일입니다. The departure is on June fifth.
  - 6月5号的航班。 Liù yuè wǔ hào de hángbān.
- 예약이 확인되었습니다. Your reservation is confirmed.
  - 您的预订已经确认过了。 Nín de yùdìng yǐjing quèrèn guò le.

인천공항 편도 한 장이요.

我想要一张去仁川的单程票。

워 샹야오 이 짱 취 런촨 더 딴청 피아오
Wó xiǎngyào yì zhāng qù rénchuān de dānchéng piào.

6월 5일 출발해요.

6月5号的航班。 리우 위에 우 하오 더 항빤
Liù yuè wǔ hào de hángbān.

일찍 떠나는 비행기가 있나요?
有早一点儿出发的航班吗?
요 자오 이디얼 추파 더 항빤 마?
Yǒu zǎo yìdiǎnr chūfā de hángbān ma?

일반석으로 주세요.
请给我经济舱。 칭 게이 워 찡찌 창
Qǐng géi wǒ jīngjì cāng

통로 쪽 좌석으로 주세요.
我要一个靠过道的座位。
워 야오 이 거 카오 꾸어따오 더 쭈어웨이
Wǒ yào yí ge kào guòdào de zuòwèi.

(일행이) 같이 앉을 수 있을까요?
我们可以坐在一起吗?
워먼 커이 쭈어 짜이 이치 마?
Wǒmen kéyǐ zuò zài yìqǐ ma?

제 마일리지를 쓰고 싶어요.
我想用我的里程积分。
워 샹 용 워 더 리청 찌펀
Wó xiǎng yòng wǒ de lǐchéng jīfēn.

제 예약을 확인하고 싶어요.
我想确认一下我的预订。
워 샹 취에런 이시아 워 더 위띵
Wǒ xiǎng quèrèn yíxià wǒ de yùdìng.

제 이름은 오한나예요.
我的名字是吴汉娜。
워 더 밍쯔 슬 우한나
Wǒ de míngzi shì Wú hànnà.

비행편명은 CZ313이에요.
我的航班号是CZ313。
워 더 항빤 하오 슬 씨지 싼 야오 싼
Wǒ de hángbān hào shi CZ sān yāo sān.

예약 날짜를 변경하고 싶어요.
我想改我预订的日期。
워 샹 가이 워 위띵 더 르어치
Wó xiǎng gǎi wǒ yùdìng de rìqī.

응급 상황 emergency
紧急情况
jǐnjí qíngkuàng

진지 칭쾅

한국대사관 Korean Embassy
韩国大使馆
hánguó dàshǐguǎn

한구어 따슬관

경찰서 police station
警察局
jǐngchájú

징차쥐

은행 bank
银行
yínháng

인항

약국 pharmacy / drug store
药店
yàodiàn

야오띠엔

병원 hospital
医院
yīyuàn

이위엔

보험 insurance
保险
bǎoxiǎn

바오시엔

분실물보관소 lost and found
失物认领处
shīwù rènlǐng chù

슬우 런링 추

돌발상황

위급 상황
분실/도난
약 사기
아픈 증상 말하기
현금을 인출할 때

원어민 음성

위급 상황

여행 중에 사건, 사고, 긴급한 위험 상황은 되도록 겪지 않으면 좋겠지만, 혹시 모를 위험에 대비할 필요는 있어요. 우리나라의 영사 콜센터(+82-2-3210-0404)가 연중무휴 24시간 운영되고, 외국어 통역서비스(중국어는 2번)도 제공하고 있으니 위급 상황이 발생하면 꼭 도움을 받으세요.

- ☑ 위험 danger **危险** wēixiǎn 웨이시엔
- ☑ 구급차 ambulance **救护车** jiùhù chē 찌우후 처
- ☑ 경찰 policeman **警察** jǐngchá 징차
- ☑ 사고 accident **事故** shìgù 슬꾸

위험해요! 비켜요!

危险, 请让开! 웨이시엔, 칭 랑카이!

Wēixiǎn, qǐng ràngkāi!

급해요.

我很着急。 워 헌 자오지

Wó hěn zháojí.

도와주세요!

请帮我一下。 칭 빵 워 이시아

Qǐng bāng wǒ yíxià.

> 중국의 응급전화
> 범죄신고(경찰서) 110   긴급구조 120
> 화재신고(소방서) 119   교통사고 122

110(경찰서)에 전화해요!
请拨打110。 칭 뽀다 야오 야오 링
Qǐng bōdǎ yāo yāo líng.

구급차 좀 불러 주세요.
请叫救护车。 칭 찌아오 찌우후처
Qǐng jiào jiùhùchē.

(누군가 해코지하려 들 때) 경찰을 부르겠어요.
我要叫警察了。 워 야오 찌아오 징차 러
Wǒ yào jiào jǐngchá le.

누가 경찰 좀 불러 주세요!
谁叫一下警察！ 쉐이 찌아오 이시아 징차!
Shuí jiào yíxià jǐngchá!

경찰서가 어디에 있나요?
警察局在哪儿? 징차쥐 짜이 날?
Jǐngchájú zài nǎr?

빨리 좀 와 주세요.
快来。 콰이 라이
Kuài lái.

누군가 저를 따라오고 있어요.
有人跟着我。 요 런 껀저 워
Yǒu rén gēnzhe wǒ.

밖에 수상한 사람이 있어요.
外面有个奇怪的人。 와이미엔 요 거 치꽈이 더 런
Wàimian yǒu ge qíguài de rén.

교통사고가 났어요.
发生交通事故了。 파셩 찌아오통 슬꾸 러
Fāshēng jiāotōng shìgù le.

가벼운 접촉사고예요.
是轻微的小车祸。 슬 칭웨이 더 샤오 처후어
Shì qīngwēi de xiǎo chēhuo.

제가 차에 치였어요.
我被车撞了。 워 뻬이 처 쫭 러
Wǒ bèi chē zhuàng le.

제 잘못이 아니에요.
不是我的错。 부 슬 워 더 추어
Bú shi wǒ de cuò.

현장 사진을 찍었어요.
我拍了现场的照片。 워 파이 러 씨엔창 더 짜오피엔
Wǒ pāi le xiànchǎng de zhàopiàn.

분실/도난

물건을 분실했거나 도난을 당했다면, 포기하지 말고 신고를 해서 도움을 요청해 보세요.

- ☑ 여권 passport **护照** hùzhào 후짜오
- ☑ 지갑 wallet **钱包** qiánbāo 치엔빠오
- ☑ 휴대폰 cell phone **手机** shǒujī 셔우찌
- ☑ 연락처 phone number
  电话号码 diànhuà hàomǎ 띠엔화 하오마

- 도둑 thief 小偷 xiǎotōu 샤오터우
- 소매치기 pickpocket 扒手 páshǒu 파셔우
- 도난 당한 stolen 被偷 bèi tōu 뻬이 터우
- 강도를 당한 mugged 被抢 bèi qiǎng 뻬이 치앙
- CCTV security camera 监控 jiānkòng 찌엔콩

여권을 잃어버렸어요.
我的护照丢了。 워 더 후짜오 띠우 러
Wǒ de hùzhào diū le.

신용카드를 잃어버렸어요.
我的信用卡丢了。 워 더 씬용카 띠우 러
Wǒ de xìnyòngkǎ diū le.

가방을 지하철에 두고 내렸어요.
我把包落在地铁上了。
워 바 빠오 라짜이 띠티에 샹 러
Wǒ bǎ bāo làzài dìtiě shang le.

분실물보관소가 어디에 있나요?
失物认领处在哪儿? 슬우 런링 추 짜이 날?
Shīwù rènlǐng chù zài nǎr?

도난 당했어요.
我被偷了。 워 뻬이 터우 러
Wǒ bèi tōu le.

가방을 도난 당했어요.
我的包被偷了。 워 더 빠오 뻬이 터우 러
Wǒ de bāo bèi tōu le.

가방이 찢겨져 있었어요.
我的包被撕破了。 워 더 빠오 뻬이 쓰포어 러
Wǒ de bāo bèi sīpò le.

어디에 신고해야 하나요?
我要去哪儿申告? 워 야오 취 날 션까오?
Wǒ yào qù nǎr shēngào?

도난 신고를 하고 싶어요.
我想报失。 워 샹 빠오슬
Wó xiǎng bàoshī.

(안에) 현금과 신용카드가 있었어요.
里面有现金和信用卡。 리미엔 요 씨엔찐 허 씬용카
Lǐmian yǒu xiànjīn hé xìnyòngkǎ.

(연락처를 남길 때) 여기 제 연락처예요.
这是我的电话号码。 쩌 슬 워 더 띠엔화 하오마
Zhè shì wǒ de diànhuà hàomǎ.

한국대사관에 연락하고 싶어요.
我想联系韩国大使馆。 워 샹 리엔씨 한구어 따슬관
Wǒ xiǎng liánxì hánguó dàshǐguǎn.

중국 내 우리나라 대사관과 영사관 연락처

- 대한민국 대사관　(86)10-8531-0700
　　　　　　　　　(86)186-1173-0089(24시간)

- 상하이 영사관　　(86)21-6295-5000
　　　　　　　　　(86)138-1650-9503(24시간)

- 칭다오 영사관　　(86)532-8897-6001
　　　　　　　　　(86)186-6026-5087(24시간)

- 선양 영사관　　　(86)24-2385-3388
　　　　　　　　　(86)138-0400-6338(24시간)

- 광저우 영사관　　(86)20-2919-2999
　　　　　　　　　(86)139-2247-3457(24시간)

- 홍콩 영사관　　　(852)2529-4141
　　　　　　　　　(852)9731-0092(24시간)

약 사기

약(药 yào 야오)은 한국에서 챙기는 것이 좋아요. 현지에서 약을 찾지 못할 수도 있고, 자칫 잘못된 약을 먹을 수도 있잖아요. 발음이 어려울 수 있으니까, 책에 실린 단어를 짚어가면서 소통하세요.

약의 종류

止疼药
zhǐ téng yào
즐 텅 야오
진통제 aspirin

头疼药
tóuténg yào
터우텅 야오
두통약 headache pills

感冒药
gǎnmào yào
간마오 야오
감기약 flu meds

退烧药
tuìshāo yào
퉤이샤오 야오
해열제 fever meds

晕车药
yūnchē yào
윈처 야오
멀미약 motion sickness pills

胃药
wèi yào
웨이 야오
위장약 stomach meds

消化剂
xiāohuàjì
샤오화찌
소화제 digestive meds

便秘药
biànmì yào
삐엔미 야오
변비약 laxatives

止泻药
zhǐ xiè yào
즐 씨에 야오
지사제 diarrhea pills

创可贴
chuāngkětiē
촹커티에
반창고 Band-Aid

消毒膏
xiāodú gāo
샤오두 까오
항균크림 anti-bacterial cream

驱虫药
qū chóng yào
취 총 야오
벌레 퇴치약 bug spray

过敏药
guòmǐn yào
꾸어민 야오
알레르기 약 allergy meds

急救药箱
jíjiù yàoxiāng
지찌우 야오샹
구급약 상자 first aid kit

약국이 어디에 있나요?

药店在哪儿? 야오띠엔 짜이 날?
Yàodiàn zài nǎr?

진통제 주세요.

请给我止疼药。 칭 게이 워 즐 텅 야오
Qǐng gěi wǒ zhǐ téng yào.

반창고가 필요해요.

我需要创可贴。 워 쉬야오 촹커티에
Wǒ xūyào chuāngkětiē

(효과가 빠른) 연질 캡슐로 주세요.

请给我胶囊。 칭 게이 워 찌아오낭

Qǐng géi wǒ jiāonáng.

(처방전이 있을 경우) 여기 처방전이요.

这是药方。 쩌 슬 야오팡

Zhè shì yàofāng.

아픈 증상 말하기

병원이나 약국에서 아픈 증상을 전달하는 상황에 대비하세요.

아픈 증상

感冒
gǎnmào
간마오
감기 cold

发烧
fāshāo
파샤오
열 fever

伤风
shāngfēng
상펑
오한 chill

消化不良
xiāohuà bùliáng
샤오화 부량
소화불량 indigestion

头晕 tóuyūn 터우윈 어지러운 dizzy	**头疼** tóuténg 터우텅 두통 headache
胃疼 wèiténg 웨이텅 위통 stomachache	**腰疼** yāoténg 야오텅 요통 backache
牙疼 yáténg 야텅 치통 toothache	**烫** tàng 탕 데인 scalded
扭伤 niǔshāng 니우샹 삔 sprained	**被咬** bèi yǎo 뻬이 야오 물린 bitten
断了 duàn le 똰 러 부러진 broken	**流血** liúxuè 리우쉬에 피가 나는 bleed

- 여행자 보험 traveler's insurance
  旅行保险 lǚxíng bǎoxiǎn 뤼싱 바오시엔
- 병원 hospital 医院 yīyuàn 이위엔

몸이 아파요.
我病了。 워 삥 러
Wǒ bìng le.

몸이 좋지 않아요.
我不太舒服。 워 부 타이 슈푸
Wǒ bú tài shūfu.

병원 진료를 받고 싶어요.
我想看医生。 워 샹 칸 이셩
Wó xiǎng kàn yīsheng.

저 좀 병원에 데려다주세요.
请送我去医院。 칭 쑹 워 취 이위엔
Qǐng sòng wǒ qù yīyuàn.

여행자 보험에 들었어요.
我有旅行保险。 워 요 뤼싱 바오시엔
Wǒ yǒu lǚxíng bǎoxiǎn.

감기에 걸렸어요.
我感冒了。 워 간마오 러
Wǒ gǎnmào le.

열이 나요.
我发烧了。 워 파샤오 러
Wǒ fāshāo le.

오한이 나요.
我伤风了。 워 샹펑 러
Wǒ shāngfēng le.

목이 아파요.
我嗓子疼。 워 쌍쯔 텅
Wǒ sǎngzi téng.

계속 기침이 나요.
我一直咳嗽。 워 이즐 커써우
Wǒ yìzhí késou.

체한 것 같아요.
我好像积食了。 워 하오샹 찌슬 러
Wǒ hǎoxiàng jīshí le.

소화가 잘 안 돼요.
我消化不良。 워 샤오화 뿌량
Wǒ xiāohuà bùliáng.

어지러워요.
我头晕。 워 터우윈
Wǒ tóuyūn.

발목을 삐었어요.
我脚腕扭了。 워 지아오 왼니우 러
Wǒ jiǎowàn niǔ le.

뜨거운 물에 데었어요.
我被热水烫了。 워 뻬이 르어쉐이 탕 러
Wǒ bèi rèshuǐ tàng le.

벌레에 물렸어요.
我被虫子咬了。 워 뻬이 총쯔 야오 러
Wǒ bèi chóngzi yǎo le.

팔이 부러진 것 같아요.
我的胳膊好像断了。 워 더 꺼보 하오샹 딴 러
Wǒ de gēbo hǎoxiàng duàn le.

피가 나요.
出血了。 추 쉬에 러
Chū xuè le.

현금을 인출할 때

여행 중에 예산이 초과되어 높은 수수료를 감당하고라도 현금을 인출해야 하는 경우가 있어요. 은행에 들어가서 창구 직원을 통해 인출하는 방법도 있지만, ATM(自动取款机 zìdòng qǔkuǎnjī 쯔똥 취콴찌)을 이용할 수도 있어요. 각국 은행의 ATM을 사용하는 방법은 다를 수 있으니, 미리 사용법을 찾아보는 게 좋겠죠?

현금인출기가 어디에 있나요?
请问, 自动取款机在哪儿?

칭원, 쯔똥 취콴찌 짜이 날?
Qǐngwèn, zìdòng qǔkuǎnjī zài nǎr?

ATM 사용법을 알려주세요.

请教我怎么用取款机。 칭 찌아오 워 쩐머 용 취콴찌

Qǐng jiāo wǒ zěnme yòng qǔkuǎnjī.

돈을 인출하고 싶어요.

我想取钱。 워 샹 취 치엔

Wó xiǎng qǔ qián.

은행원

- 현금으로 드릴까요, 수표로 드릴까요? Cash or check?
  - 现金还是支票? Xiànjīn háishi zhīpiào?
- 돈을 어떻게 드릴까요? How do you want your money?
  - 你想要多大面值? Ní xiǎngyào duōdà miànzhí?

(100콰이를 내고) 50콰이짜리 1장, 10콰이짜리 5장으로 주세요.

一张50块, 5张10块。 이 짱 우슬 콰이, 우 짱 슬 콰이

Yì zhāng wǔshí kuài, wǔ zhāng shí kuài.

여행중국어

초판 1쇄 발행 2021년 5월 10일

지은이 탕가예·글로벌21 어학연구소
기획 오혜순 편집 최예니
디자인 및 조판 박윤정·이미경 영업마케팅 정병건

펴낸곳 ㈜글로벌21
출판등록 2019년 1월 3일
주소 서울시 강남구 논현로76길 24
전화 02)6365-5169 팩스 02)6365-5179 www.global21.co.kr

ISBN 979-11-965975-8-0 10720

- 이 책에 실린 모든 내용, 디자인, 편집 구성의 저작권은 ㈜글로벌21과 지은이에게 있습니다. 허락 없이 복제하거나 다른 매체에 옮겨 실을 수 없습니다.
- 잘못된 책은 구입하신 곳에서 바꿔 드립니다.

여권 护照
후짜오

대한민국 韩国 한구어

짐 行李 싱리
가방 包 빠오

출구 出口
추커우

화장실
厕所 처쑤어
洗手间 시셔우찌엔
卫生间 웨이성찌엔

택시 出租车 추주처

버스 公交车 꽁찌아오 처
전철 地铁 띠티에
기차 火车 후워처

화장지 卫生纸 웨이성즐

물티슈 湿巾 슬찐

충전기 充电器
총띠엔치

어댑터 转接器
좐지에치

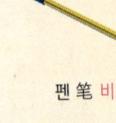
펜 笔 비

수건 毛巾 마오찐

샴푸 洗发水 시 파 쉐이
린스 护发素 후 파 쑤
바디워시 沐浴露 무위 루

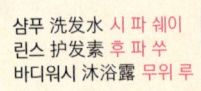

리모콘
遥控器 야오콩치

우산
雨伞 위싼

냉장고 冰箱 빙샹

사진 照片 짜오피엔

선글라스
墨镜 모어찡

지갑 钱包
치엔빠오

신용카드 信用卡 씬용카
현금 现金 씨엔찐

영수증 收据 셔우쮜
계산서 结账单 지에짱 딴

접시 盘子 판쯔
그릇 碗 완

컵 杯子 뻬이쯔
커피 咖啡 카페이

젓가락 筷子 콰이쯔
숟가락 勺子 샤오쯔

담배 烟 옌
라이타 打火机 따후워찌
재떨이 烟灰缸 옌훼이강

콜라 可乐 커러
사이다 雪碧 쉬에삐

주류 酒 지우

맥주 啤酒 피지우

전화 중국어   globaltking.co.kr
1544-0585

동영상 강의

global21.co.kr

중국어로 숫자 말하기

0 링 零 líng

1 이 一 yī   6 리우 六 liù

2 얼 二 èr   7 치 七 qī

3 싼 三 sān   8 빠 八 bā

4 쓰 四 sì   9 지우 九 jiǔ

5 우 五 wǔ   10 슬 十 shí